柏杨家书

给亲爱的佳佳

柏杨　著

文匯出版社

再返绿岛，往事不堪回首，无语独对苍天。

再返绿岛，已是八十六岁的老者，夫人张香华陪同漫步，监狱成了旧迹，恍若隔世。

出生于河南省辉县的北方大憨个子，本名“郭立邦”，因少小离格，乖张而叛逆。为了能进入东北大学就读，遂以中央大学政治系三年级肄业的“郭大同”证件，改名“郭衣洞”。从此终生“郭衣洞”。

1949年，内战正炽，时局动荡不安，郭衣洞由沈阳逃离到北京，辗转流落上海，巧遇恩师吴文义，并随之来到台湾。人生重新洗牌不易，每每为生计维艰、前途茫茫所困。

郭衣洞的职业一再变更。1951年，他开始从事写作，分别以“郭衣洞”、“柏杨”，还用“邓克宝”为笔名，从事笔耕。不料，好不容易培养出来的写作才能和日盛的文名，也同时给自己设下了一生最大劫难的陷阱。

1968年3月4日，以文字贾祸终于爆发到他的头上。此事固然导因于美国“大力水手”的漫画翻译，实则因长期尖锐、猛烈抨击国民党执政的腐败颟顸所致。他被调查局出其不意地逮捕侦讯，接下来是长达四个月的严刑逼供，屈打成招。一度以叛乱条例第二条第一款的唯一死刑论罪，继而斟酌加减，最后，以有期徒刑十二年定谳。

1972年，他被解送到火烧岛（现称绿岛），命运随着环岛的海浪起伏跌宕。当刑期届满，根据军事法庭的判决及减刑，理应于1975年获释，却仍被软禁，理由是“你到现在还是不听话”。

至此，他对执政者彻底绝望，遂选定被捕入狱之日作为自己的生日。在漫长被囚的岁月里，对整个民族作深入思考，将历史的吊诡重新整合。

而入狱那年，他的小女儿佳佳只有八岁。八岁的佳佳成了“政治犯”的女儿，此后更经历着父女分离、母亲再嫁的痛楚。

整整五年间（1972—1977），他把所有的疼爱和人生的经验诉诸文字，给亲爱的佳佳，并且苦苦等待回信，“爸爸节、中秋节在等信中度过”……

绿岛旧名“鸡心屿”、“青仔屿”等，可能因为环岛四周的火山岩岩壁呈乌黑色，从海上望去像被火烤过一般，故常被称作“火烧岛”。1972年，已经服刑四年的柏杨，又被解送到这里的政治犯监狱，命运随着环岛的海浪起伏跌宕。

序

张香华

这是一本感人肺腑的书。

每个人一生中，都有可能扮演为人父、为人母的角色。父母写信给儿女是生活中常有的事，何以唯独柏杨这一部家书特别动人呢？这要追溯到上个世纪，那个时代的中国人，刚刚接踵在国事蜩螗之后，那时遍地腥风膻雨。个人往往颠沛流离，处在一个极度动荡不安的时代，所谓国之不靖，何以家为。

这本书的主人翁——柏杨，则是这一个时代下另一种典型。他少小离家，翻越过大江大海，一生结过五次婚。其中，他随着时代的浪潮，正以为可以偏安海隅——台湾，却因为与环境格格不入的特殊性格和乖舛的命运，他从一个人生幸福的顶峰直线坠落，从享有文名又软玉温香的幸福家庭生活，忽然落入冰冷的牢房，过着夜听监狱墙外海潮咆哮，晨对铁窗边隐现孤星的岁月，长达十年。一霎时，家破人散，唯一他能系念的就是他八岁的女儿——佳佳；他仅存的希望就是这个小女儿给他写封温馨的信。这是他生存在暗夜中，唯一能盼望到的光束。

可是，女儿只有八岁，他没有办法在信中和女儿讨论复杂的案情。

女儿只有八岁，他没有办法向她倾诉满腔苦楚和冤屈。（事实上囚禁的生活，也有严苛的规定：通信不能超过200个字。）女儿只有八岁，每个夜晚还在床上等着父亲和她讲故事。

女儿只有八岁，柏杨不知道怎样让女儿多了解一点人世的险恶……这一切使苦思焦虑的父亲柏杨，写出了这本书中的童话，苦心孤诣抓住每一个机会，勉励女儿勤学行善。这本书中的佳佳，正像任何一个八岁的孩子那样，只想向父亲童言童语地撒娇。这本书中，柏杨不像他一向从事写作那样讲求规划、结构。它是一本需要你用善感的心、温情的手，细细捧读、深深体会的书。

妻子们

张香华

2002 年 3 月，我的丈夫柏杨刚满八十岁生日，他一生的工作、事业也将近大功告成。大家想为他筹备一个生日寿宴，由与他合作数十载，出版两千多万字的远流出版公司，以及成立五年、柏杨甫卸下董事长职位的人权教育基金会，共同筹办。当天，除了我们夫妇和一群儿孙之外，到场的宾客大约一百六十位，是我们结婚以来，场面最大的一场盛会。

寿宴开始，由寿星柏杨向亲友致谢辞，之后，并由我们夫妇共同揭开高高堆在一张餐桌上，喜气洋洋的红色寿桃（代替了西方的蛋糕）。当礼仪完毕，我们转身下台之际，主持人之一的卜大中先生，把我叫住，要我说几句话。

这样的机缘不多，因为一向在公众场合与柏杨在一起，我都扮演影子的角色，他在台上讲话，我就藏身在台下，甚至躲得远远的，避免曝光。我们又不是选举造势，何必夫妻一起同台？我总觉得，像柏杨曝光率这么高的人，作为他的妻子，最好含蓄一些，才能平衡。同时，也可以把众人的焦点分散，不致因为柏杨这样一个争议性的人，一旦说出什么惊世骇俗的话，夫妇一起同时被围剿。

可是这次不然，这天我身为“寿婆”，哪有不和寿星唱和之理？我接过麦克风登上台讲了几句话，居然博得满堂喝彩声、笑声、欢呼声。第二、三天，接下来的日子，遇到当晚赴宴的亲友，他们一致再三推崇我的致辞，甚至，许多人从媒体的报纸，或电视台新闻报告中，看到我的致辞，都纷纷向我致意，这些人，有些是当晚不及邀约的邻居、朋友，或素未谋面，才刚认识的陌生人。我觉得好高兴，好像做小学生时，偶然被老师选出来参加演讲比赛，意外得到大奖一样。

我到底说了什么，可以获得这份大奖？我的讲辞大致如下：

“……柏杨刚才在致谢辞中，提到要谢谢他的妻子——香华，我以为要补充一下。柏杨一生的遭遇太曲折坎坷了，事实上，每一个阶段都有不同的妻子，陪伴他一起成长，我只不过是柏杨妻子们（复数）其中的一个，而且也是今天仅仅在场的一个。因为‘前人种树’，才有今天我这个妻子的福分……”接着，我介绍柏杨与前妻们生育的孩子们上台，代替他们的母亲，参加这场盛会。我就是如此据实报告，而获得赞扬的。

“妻子们”的正确数字是几个？五个。开始知道柏杨一共娶了五位妻子时，连我都吃了一惊。我们结婚八年之后——1985 年，那时两岸松绑，两地亲友开始有了联系。我偶然替柏杨整理书桌，发现了一大叠的信函，因为纸质差异，一看就知道是由对岸寄来的，信的内容密密麻麻，好像有满腔的辛酸要倾诉。开始时，我以为是对岸的读者，向他吐苦水、话家常，接着我发现这批信件，事实上是两批，因为字迹不同，对柏杨的称谓也不同，一位称他作“父亲大人”，另一位称“亲爱的爸爸”。这个发现立刻使我了解到，这是柏杨失散多年的两个女儿从大陆寄来的，其中一个姓郭，另一个姓崔（后来弄清是从母姓）。发现了这个事实时，正是凌晨三时——那是我一向为柏杨整理书房的时间，我要趁他入睡，工作不受阻挠时，才好“下手”整理，否则，他往往以“乱中有序”来阻止我“执行任务”。

半夜，回到被窝里，我发现柏杨是醒着的，于是，我思考了一下，这个哑谜要如何解开？第一个涌向心里的念头是：可怜的柏杨，可怜的孩子和可怜的母亲们。那是怎样一个家国破碎的年代啊！动乱、抗战、逃难、分离、饥饿、死亡……这些我们今天只有在电影上才看得到的苦难情节，就发生在我们身边亲人的身上。“悲莫悲兮生别离”，柏杨的心如何承载这么多的悲苦？时局动荡，危在旦夕，骨肉分离，家人拆散，这是何等摧心肝、落泪水的场面啊！

可以想象得到，50年代，许多人只身从内地逃到台湾，把家人暂留家乡，没想到后来天地变色，一别就成了永诀，这种悲剧太多了。想到这里，我立刻决定用一种轻松的方法，为柏杨解开这个困境，我告诉他：“我发现你的秘密了，我知道你婚姻的故事了！”柏杨不说话，继续沉默着，我只好再戏剧化一点，想化解柏杨的尴尬和愁苦。我开玩笑地说：“我会看相的，你这一生会有五个妻子！”之前，我只知道，柏杨在入狱时已有过两次婚姻，坐牢再度婚变，出狱后，再与我重组家庭，我以为自己是他的第三任妻子。如今忽然多出两位大陆女儿，我显然是他的第四任妻子了。现在，我戏剧性地替他又加上一位，预言他在我之后，还会再娶第五任。谁也没料到，柏杨居然说：“你就是那第五位！”

原来，柏杨在迁离到台湾之前，已有过两次婚姻，各自生有一女，这就是今日一位姓郭，来自家乡河南；另一位姓崔，来自西安的两位内地女儿。两位对父亲的称呼有异，是因为不同的生长环境，不同母亲的影响吧！

我顺理成章地成为柏杨第五任妻子，有时朋友会问我，事后才发现柏杨原来有那么多老婆，当初却瞒着你，你会不会懊恼生气？我总是摇摇头，心里想：我已领悟到人生的顺序，在这件事上，根本没有懊恼生气的时间和空间，当柏杨在生死存亡之际，在妻离子散之间，我还有什么余暇懊恼生气？

如今，这句“妻子们”，给这出悲剧一个喜剧收场，我愿意加一个尾声：西方人有一则调侃婚姻的笑话，说：结一次婚的人是傻子，结两次婚的人是疯子，结三次婚的人是可怜虫。这个笑话当然有不同的文化背景。中国人在过去的历史中，颠沛流离，需要有多强韧的生命力，才能重建破碎的人生？婚姻次数愈多的人，重建力应该也愈大，因此，这个故事才能以喜剧终结。而今天我们面对这样一个升平的世界，中西方的差距缩小了。假如有一天，柏杨要娶第六位妻子，我大概就会用这句话献给他：柏杨，你真是个既傻又疯的可怜人！

我爱的人在火烧岛上

张香华

有一个岛屿
有一首歌
有一个我爱的人
过去，他曾经出现在我的梦中
那时，我在海上挣扎
救生艇的木桨折断了
我随处漂泊
找不到岛屿
听不见歌
遇不着我爱的人

我爱的人在火烧岛上
没有美丽的青山、溪流
没有碧水涟漪
只有恶涛巨浪
烈日风沙
青草枯黄
菜蔬焦死
飞鸟敛迹
窗栏外的白云，凝结成硬块

那时，我爱的人

绕室唱一首《老黑爵》
他苍凉的歌声
淹没了我的身影
他衰退的视力
不能辨识我的容貌
他不能知道我疲惫的心
因为他比我更疲惫，疲惫于无望

如今，我爱的人
来到我身旁
伸手给我，救我出灾难
使漂泊成为过去
疲惫，已如拍落的尘土
他教会我对抗风浪、修补断桨
他教会我观察天候星象
我们用臂弯围成一个避风港
我们用温暖的眼色，点燃火苗的希望
我们将合唱壮丽的诗章

不能忘记，那些没有星月的黑夜
只有海潮的哨音，日晒的烙痕
如今，我们纪念那个岛屿
如今，我们怀念那首歌

1958年冬天的一个冬令会上，柏杨认识了倪明华。就在他第四次建立起家庭，生活逐渐复归平静和幸福的时候，却遭冤狱，一切又化为云烟。

1958年冬天的一个冬令会上，柏杨认识了倪明华。就在他第四次建立起家庭，生活逐渐复归平静和幸福的时候，却遭冤狱，一切又化为云烟。

图为柏杨被捕后，倪明华托人带去的全家福，他们的爱女佳佳（郭本明）坐在中间。

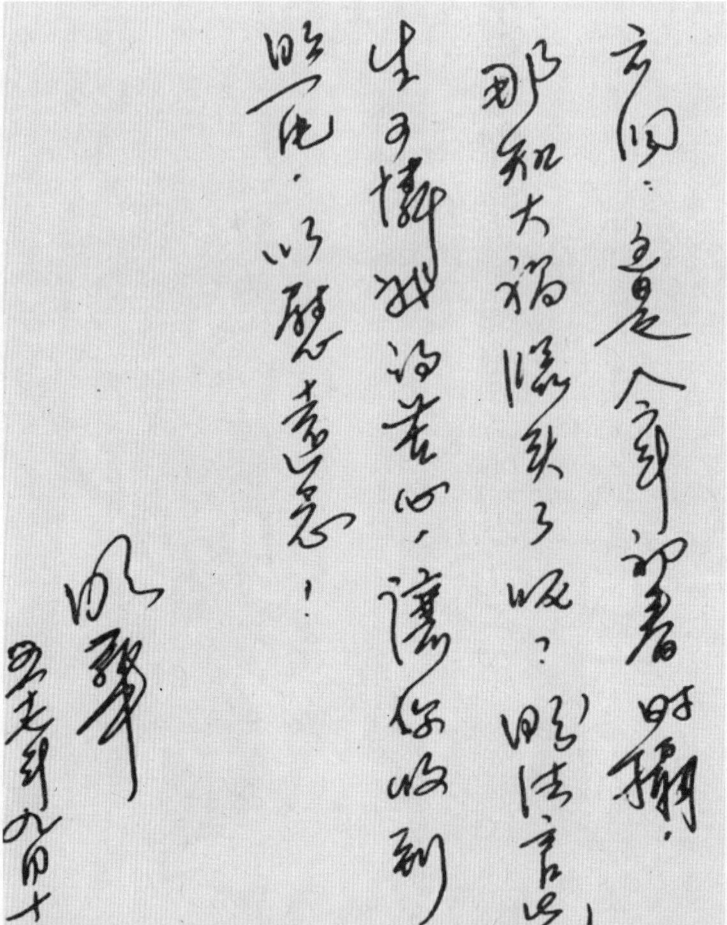

衣洞：这是今年初春时摄，那知大祸临头了呢？盼法官先生可怜我的苦心，让你收到照片，以慰远念！

明华
五十七年九月十日

佳佳的妈妈在全家福的背面给柏杨留言：

衣洞，这是今年初春时摄，那（哪）知大祸临头了呢？盼法官先生可怜我的苦心，让你收到照片，以慰远念。

明华 五十七年九月十日

为什么说不敢呢？

爸爸：

您记（寄）来的信我收到了，但因功课太忙，只好延后两天才给您写回信！

上上次您所问的问题我都忘了，所以在写回信时都忘了答复您，非常的抱歉。

我的出生日辰是一九六〇年阴历七月二十七日下午七时，妈妈是一九三七年十一月六日下午七时生（阴历），照片我本来有的，但不知何时却丢掉了，找了半天也找不到，不过有空时我一定去照几张照片寄来给您。

我的压岁钱是两千元，不是一千元，我一字上的一点就是一字。舅舅在台北的一家电子公司做事，待遇还算不错，可能还没有出国的打算。我的成绩是二十四不是二十六，也许上一封信写错了吧！

您需要什么就写信来好了，没有关系，为什么要说不敢呢？只要我们能做到的，一定尽力去做，您不要再如此说了。

大伟最近非常的不乖，在阳台上尖叫不停，那声音之刺耳，把我给气死了，也许是地方太小，它不习惯吧？（从前院子很大，可供它跑来跑去，现在阳台又短又小所以使它四枝（肢）伸展不开来，才在那里啼叫不已！）祝身体健康。

儿　佳佳敬上　一九七二・三・二・晚六时

爸爸，我好高兴，不知道您替不替我高兴？

爸爸：

好久没有通信了，最近捷报连连，我在这里向您通报一下。

第一次抽考是不排名次的，但董老师将我们的分数加起来排名次，我这次算术得满分，内心好不高兴，国语只得九十六分，这还是我第一次国语的分数比算术差，再说到名次，我得到第四名，全班有一个第一；他是两科一百，第二名有两个是一九七分（算术与国语合算），没有第三，接着就是我了，爸爸我好高兴，不知道您替不替我高兴与欢喜。

妈妈替我在银行内开了一个户头，但我没有身份证，只好假借妈妈的名义去存款，户头是上礼拜五（三月三十日）开的，到现在已经存了二千二百元，我希望能越存越多，把整个存折都存满。祝快乐。

女　佳佳敬上　一九七二·四·一·晚

最近天气冷热（无）常要多穿衣服，天气很冷小心感冒！

盼望吾儿来信

佳儿：

四月一日信收到，你算术得满分，最使爸爸高兴，国语比算术差没有关系，我相信你将来的国语一定会很好，所以只担心你的算术，只要算术好，别的功课都容易赶上。第四名也很光荣呀，让爸爸吻你、贺你。妈妈替你开户存款，已有两千元，是一大数目，一定要作有益的使用才好。我已迁来绿岛，通讯处为：“台东县绿岛邮政信箱七〇五二号附六号。”告诉妈妈：这里不准吸烟，咳嗽也就好了，健康得像一条牛。一切都很有趣，盼吾儿来信。

爸爸　一九七二·五·八

原来您搬“家”了

爸爸：

原来您搬“家”了，害我寄了好几封信到军法处看守所去，都退回来，气死我了，妈妈代我打听，也没有下落，如今才知道是搬走了，才安下心来。

我这次的算术退步了，假如对题目细心一点儿我就一百分了，分数：算术是九五分，错一应用题，国语九三分，不及算术，真是意料之外的事。

最近几天忽情（晴）忽雨，令人捉摸不定，也容易感冒，最好要小心一点，我的身体健康，体重高达四四公斤，身高有一五二．五公分，快要比妈妈高了，我的脚也大得出奇，穿妈妈的鞋子还嫌紧呢。祝

身体健康

万事如意

女　佳佳敬叩　一九七二·五·十七

刷牙要上下刷，以免伤及牙床

佳儿：

五月十七日信及毕业照片接到，你已不是孩子，而是小姑娘了。眼看你从一点点婴儿长大，既高兴，又感伤，希望你早一点长大到爸爸不再担心的年龄，但也希望你仍是需要爸爸、在爸爸身上爬来爬去的小女孩。我在景美看守所给你做了一只“大”木船，预备装入镜框，送你作毕业礼物，还没有完成，就被仓促送来绿岛，不能携带。但我身边有一支圆珠笔和三支笔芯，是孙伯伯托人送到景美的，我下月会寄给你，作为你的毕业礼物和未来的生日礼物。告诉妈妈，五月初寄的钱还未收到，一定是被景美看守所退回了！此地不收报值，请改用邮局汇票。并请妈妈寄稿纸五本、活页练习纸（小号）两三本、单面复写纸二三十张、草席一张（二十多元者即可），一切麻烦妈妈。爸爸爱吾儿，只盼你算术好，盼你刷牙不可左右刷，要上下刷，以免伤及牙床。

爸爸　一九七二·五·二十九

不能“生气”，“焦急”才对

佳儿：

六月十六日，接到六百元，代爸爸向妈妈致谢，爸爸因为需一笔钱镶牙，且绿岛蔬菜缺乏，有赖水果，故五月间两信都问到钱的事情，当能谅解。五月二十九日，有一函寄吾儿。六月五日，有一圆珠笔（附三个笔芯）寄吾儿，都收到没有？再看吾儿五月十七日信上说："原来您搬家了？害我寄了几封到军法处看守所的信，都退回来，气死我了。"应该写作"急死我了"，怎么能用"气"字呢？气谁呢？心里应该十分焦急才对，"气"是漠不关心的人才有的感情，以后用字要小心。毕业考和升初中的情形，盼告诉爸爸，爸爸很担心你的算术，记住！算术不好，上学就会变成一件苦事。

爸爸　一九七二·六·二十六

爸爸送金笔，带来好运

爸爸：

最近是我最轻松的时候，以后就很难得遇见了，这几天，没有升学的忧虑及考试的烦恼，因为前天到学校去，老师发正取的名单时，第一个就是我，我实在无法掩饰心中的快乐，我好高兴啊！放下了心中的一块石头，毕业典礼于六月二十七日已举行过，竟然没有人留（流）下一滴眼泪，出人意料之外。

如今我已是复兴中学的中学生了，更要感谢爸爸您送我的那枝（支）金笔，替我带来了如此的好运，也没有升学之忧了。

妈妈寄去的一些文具不知接到了吗？没有回音，令人着急！（附上一张毕业典礼时，妈妈在中山堂前所拍的照片。）祝

身体健康愉快

女　佳佳上　一九七二·七·三

不知上月六百元收到否？衣物收到否？念念。夏日炎热多注意卫生为要。（编者注：佳佳母亲附笔）。

爸爸吻你

佳儿：

六月二十六、七月三日两信收到，六百元也早收到，我于6／26曾有一信，现在到了没有呢？妈妈所寄文具衣衫等十件也收到，代爸爸叩谢。狱中热如火烧，能有草席可睡，可谓阿拉伯人三大天堂外的第四天堂，只是草席为尼龙所织，享受未免太过豪华。请放心，爸爸的身体奇佳，心情更奇佳，这大概和天老爷慈悲有关吧。再看到吾儿毕业照，甚为高兴，中学生，嗨！了不起呢，让爸爸吻你。以后要注意算术，别的功课不妨缓一缓。告诉我，你暑假怎么玩。请妈妈再给爸爸寄一瓶V口卜眼药、二盒牙签、一瓶维他命B复合剂（高单位）。

祝福你！我儿！愉快、盼望。

爸爸　一九七二·七·十一

请买两三盒牙签，谢谢吾儿！

佳儿：

妈妈七月六日寄的六百元，七月八日到绿岛，我于七月十六日

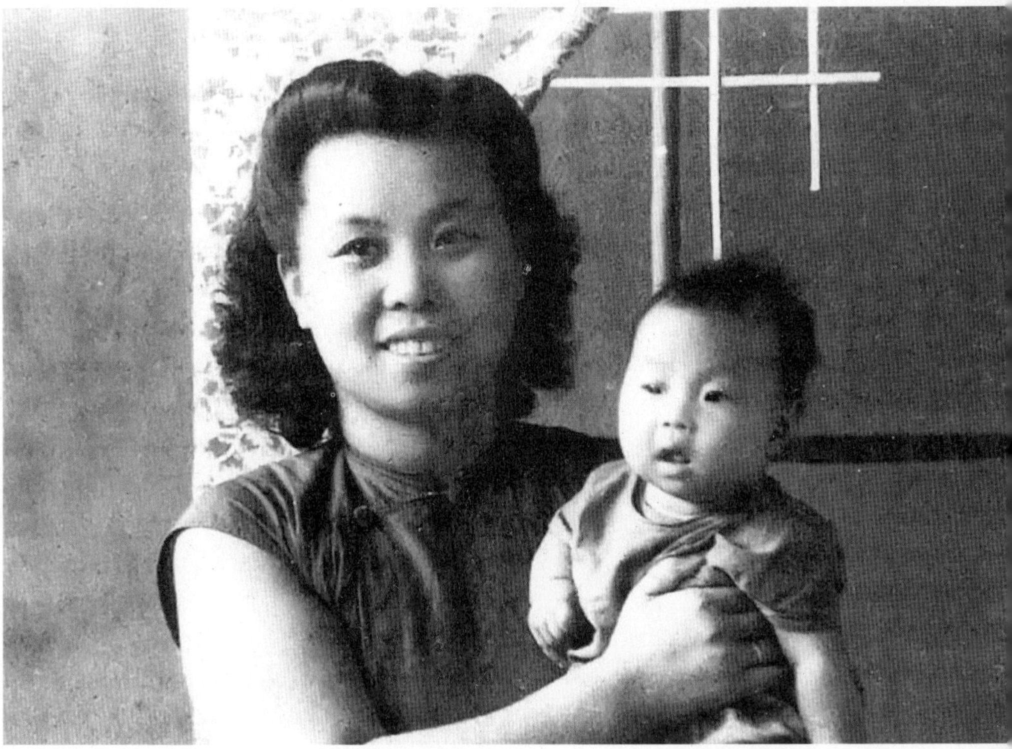

抗战时期，柏杨流落重庆，举目无亲，得遇同乡崔秀英，两人成婚，生女儿毛毛（从母姓，名崔渝生）。在兵荒马乱中失散，从此天各一方。这是柏杨的第二次婚姻，之前与原配艾绍荷初婚，当年柏杨离家，他们的女儿冬冬（郭素萍）还未出生。

图为崔秀英和毛毛。

即行收到，代我谢谢。七月十一日的信接到了吧？请买眼药及维他命的信发后，在这里已可申请购买，所以不要买了。只是牙签实在太需要，我牙齿不好，在景美时，难友有家人探望的，我就托他们向家人要一点分用，现在他们家人要半年才能来一次，托带不便。最初捡些火柴梗使用，现在亦无处可捡，务请买两三盒，装入信封投邮就可以了，谢谢吾儿。

爸爸　一九七二·七·十八

我会写英文了！

爸爸：

今天是星期六，写封信给您，慰问安好。

暑假，到学校交了一千二百元，开始补习及做制服，等于开学了，我现在会写英文字母及一些生字了，如：猪 pig、钥匙 key、蜜蜂 bee、蛋糕 cake、脸 face、床 bed、背心 vest，这些都是三个礼拜来所教的（还有英文字母，大写及小写，草写没教），我费尽脑汁才将这些英文背起，好辛苦。

身体可好？祝安康。

女　佳佳上　一九七二·八·五

牙齿不好，希多注意，牙签即寄上，但多用也不好，多吃水果，注意清洁，需何物请来信。（编者注：佳佳母亲附笔。）

台风夜，我好怕

爸爸：

台风没有造成什么灾害吧？在家中我好怕，风、雨都很大，晚上我睡着了，所以也没有看到台风的全貌。我们快搬家了，九月多就完工，妈妈现在正在街上买家具，因为家中有些椅子坏了，“摇摇欲坠”，坐在上面担心会跌下来！

我一、三、五要到学校补习，这是硬行（性）规定，一定要去，不去就不让你读，而且事先交了一千元，也不会不去读的。这几个礼拜，英文教了二十六个字母、拼音、音标，必须背得很熟，所以每天回家都啃书，也用功多了。

星舅舅交了个女朋友，全家都不喜欢，可是舅舅对她却很好，大概跟您提过了，现在他们快要“结婚”了，您相不相信？当然别人的事我也干涉不了，妈妈也没办法，那个女的姓徐，好胖，不漂亮就是了！

愿台风没有给您带来事情！祝

快乐健康

女　佳佳上　一九七二·八·十九

好像金刚钻，有暴发户之感

佳儿：

牙签收到，这些时我一向在散步场地上，捡火柴残梗使用，捡时

柏杨入狱的第二年，佳佳九岁生日。

原谅我！我无法再在我的记忆中搜回您的影子，好像很远，那么远，那么小，唉！爸！想你！爱你！

小心寻觅，捡后一一洗涤，忙碌而有趣，但往往数十日不能捡一支（谁会在这里吸烟丢火柴呢），所以使用起来，好像金刚钻，如今寄来四盒，有暴发户之感。八月五日信也收到，妈妈附言，多谢。你的学费一千二百元，实在太贵，更应用心读书。英文字写得很好，有个 vest，要不是你注明“背心”，爸爸还不认识呢，真是能干的乖女儿，以后学的新字要随时告诉我，让爸爸也跟你学。记得爸爸小时，学二十六个字母，见了爸爸（你的祖父）就急着要念给他听。爱你。

爸爸　一九七二・八・二十二

你的信写得棒，爸爸哈哈笑

佳：

八月十九日信接到，我儿这封信写得真棒，爸爸高兴得哈哈直笑，看了又看，合不拢嘴。台风在绿岛很小，刮了两天干风，第三天才下了一点雨，平安大吉。其实，除了我儿，爸爸再没有别的可损失的了，放心！放心！劝妈妈不要代星舅舅选择伴侣，女人看女人，跟男人看女人不同，犹如男人看男人也跟女人看男人不同一样，徐阿姨一定是一个可爱而忠实的小姐，日久会见人心的。你毕业礼物那支笔，是孙伯伯所送（他最近还给爸爸寄来一瓶多种维他命），盼你去信致谢一下才是，信封可请妈妈写。现在我很放心你的国文，只看英文、数学了，在英文方面，妈妈可帮助你，不妨先学学简单的日常会话，似比干念有趣些。

爸爸　一九七二・八・二十九

寄给吾儿海样深的亲情

佳儿：

九月十七日是你的生日，爸爸几个月前就念着，身在狱外时，每年都要为吾儿庆祝，入狱后每年也总要请陈丽真阿姨送吾儿一个蛋糕。可是今年不行了，陈阿姨生了一个宝宝，我对她都无法送礼，更不好意思请她转送给吾儿（你毕业时，她也有礼物送你呀，你谢过了吧？怎么没有告诉爸爸有谁送你礼物呢？这次陈阿姨生了娃儿，应该写信去道贺）。爸爸只能寄给吾儿海样深的亲情，爸爸爱你，每分每刻都挂在心中。开学了吧？注意算术，课本上或学校规定的练习题目，要一题都不遗漏地去做。报上刊载绿岛已有交通飞机了，爸爸十二年刑期满时，将从天而还，可谓奇妙，你说是不是？祝生日快乐！真正快乐。

爸爸　一九七二·九·十二

时时惦念吾儿

佳佳：

两三个星期来，我心情忽然不宁，好像是一种不祥的预感。一直盼望你来信，因为学校开学后的事，以及搬了家没有？我想你一定会急于告诉爸爸的。而爸爸八月二十九、九月十二两信，也应有一个回音，告知一切。可是迄今没有，但愿是你功课忙，或是贪玩，没有时间写信。过马路时要小心再小心，一定要左看右看，全神注

柏杨的第三次婚姻对象是齐永培，去台湾后经人介绍认识，生了两个男孩——城城（郭本城）和垣垣（郭本垣）。由于两人性格有严重冲突而离异。

意来往的车辆。如果有人骗你吓你，一定要随时告诉妈妈。远在咫尺天涯的爸爸，时时惦念吾儿。

爸　一九七二·十·十

告诉妈妈不会吃亏

佳儿：

寄来的六百元，前天（星期日）收到，请代爸爸向妈妈致谢，要知道天下最最幸福的人，莫过于坐牢而有接济的人。我在景美时，可以吸烟，而钱够用。现在不可以吸烟，反而拮据，不知何故？上周（十月十日）给吾儿一信，没有说清楚。所谓“骗你！”好比有人会说是妈妈的好朋友、是同学家里的人，要记住！不要跟不认识的人到任何地方去。所谓“吓你！”好比有人告诉你：“妈妈知道了会打死你！”千万不要相信这些话，而要马上告诉妈妈，就不会吃亏了。我写的这些，吾儿已是初中一年级学生了，应该看得懂的。

爸爸　一九七二·十·十七

爸，我骨头老了

爸爸：

搬家之后，几乎没有给您一封信，因为我懒病发也，望原谅！

为了这次总统华诞，忙得不可开交，学校要我去表演跳舞，距今只有三天了（包括今天），苦练呀！爸，您也知道我有五六年未学舞了，骨头也老了，跳芭蕾舞，脚好痛啊！当您接到这封信时，我已经跳完了，那紧张的一刻真是说到就到。

我又开始学舞了，一月两百元，多一项长处总是好的，总比别人多一项本领，我仍在老地方学，由刘玉芝教的！人家现是大牌了，不像从前那个刘玉芝，但仍没有架子！

爸，寄信勿望（忘）寄“泰顺街44巷27号三楼”！祝安康，保重身体。

佳儿上　一九七二・十・二十九

（我希望买一辆脚踏车，但妈妈不准，您回信时可别说是我要买，否则妈妈会骂我的！）

爸爸望眼欲穿

佳儿：

两个月来，未接一信，距你八月十九日的信，已七十余日。曾寄数函，亦未见回音，你知道为父的如何望眼欲穿？尤以九月底之后，心情忽觉沉重不安，念念吾儿，不能自已，何以不写几句话给爸爸？上星期在报上看到我姑父逝世讣闻，已去信姑母慰问，但愿系于此事。妈妈身体好吗？你身体好吗？搬家后新房子如何？开学后数学赶上赶不上？英文呢？一定要写信一一告诉爸爸。上苍赐你平安，吾儿、吾儿。

爸爸　一九七二・十・三十一

交通太乱，过马路要小心

佳佳吾儿：

十月二十九日信接到，我屡次告诉你，来信时要写明曾接到我何月何日的信，盼以后要养成习惯。我信上所问的事，所嘱咐的事，办了没有？一定要一一回答，莫让爸爸悬念。记得你四岁多的时候，为了要小脚踏车，睡梦中忽然大哭，坐起来呓语：“我要小脚踏车！我要小脚踏车！”爸爸妈妈心疼落泪，第二天就带你去买了一辆。但现在交通太乱，爸爸在此一直担心你穿过马路，我想等你读高中时再买，比较安全。别生气！佳儿，记住一句话：“没有车总比没有腿好——更比没有眼没有头好。”

爸爸　一九七二·十一·十一

亲自钩围巾送爸爸

爸爸：

圣诞要到了，天气也变冷了，我亲手钩织的一条围巾接到了吗？我时刻把握时间，一有空就钩围巾，第二条是妈的生日礼物，已经完成了！虽然到了中学，功课忙了一些，但仍抽空，忙一些属于自己的，我刻了一个“肥皂钢琴”，是没脚的，不太美观。第三次月考过了，小学才考第二次，相差好远，刘玉芝又有舞踏（蹈）会，可能有我可能无，不一定。

最近英文越来越复杂，动词等一大堆，天哪！

数学好难，还没做完就收卷了，有生以来第一次没有做完考卷。

天气冷了，需要一些什么？祝圣诞快乐。

女　佳佳敬上　一九七二·十二·十二

我儿长大，爸爸也要像圣保罗一样长大

佳儿：

围巾和贺年片先后收到，你真长大了呢，围巾都会织，爸爸离家时，你连穿衣服都不会，时间使人长大，不但使我儿长大成一个大孩子，也使爸爸长大，像圣保罗一样的长大，从眼上掉下鳞片，终于发现过去是错了。你织的围巾厚而且暖，爸爸从前有干咳毛病，脖子最怕风吹，很需要围巾，因久不吸烟，这毛病早已痊愈，但爸爸却需要用它围肚子，所以你的礼物寄来得正好，我立刻围上，这些日子，鼻孔就再没有不通过，谢谢我儿。信上说：“数学好难，还没做完就收卷了。”爸爸一再提醒你，数学要紧，现在已响了坏信号，有“第一次”就有第二次，要把所有习题一一的都做过才行。还有话，下星期续写。

爸爸　一九七二·十二·二十三

要靠耐心，不能靠聪明

佳儿：

你第二条围巾是送妈妈的生日礼物，妈妈生日十一月初六，正是阳历十二月十一，你来信是十二月十二，赶上送了吗？但愿也算爸爸有一份，代爸爸向妈妈祝福。信上说：“刻了一个肥皂钢琴，没有脚的。”怎么回事呢？看了半天都不懂。信上又说：“英文越来越复杂”，英文跟数学一样，要靠耐心，不能靠聪明（任何学问都是如此），你在家最好每天跟妈妈用英语作简单的会话，像：“我要上学去了。”“你什么时候下班？”渐渐由简入繁，妈妈的英文是洋人教的，又跟洋人当过秘书，一定有助你的学习。爸爸过去写的信，吩咐了一些事情，你看到了吗？照做了吗？来信都要告知。

爸爸　一九七二・十二・三十

现在最流行斗篷

爸爸：

近来可好？天气忽冷忽热，要保重啊！

这次月考退步四名，要不是靠平时拉分数，不知道这一次会考第几名呢！

新的一年又到了，也不知道那几天假期是怎样过的，时间就这样溜走了，也发觉自己长大多了，我知道为自己打扮，为自己钩斗篷［世（市）面最流行的“衣服”，衣前有两洞，但无袖，手可从洞中穿出］，我没有钩袖口（洞口），因技术还未到家，到现在为止才钩了四分之一呢！

在学校图书室，借了一本《秋霜寸草心》，看着看着，我不禁流下同情的眼泪……

我的学校实在很“乱”，所谓的乱当然是指男女生之间，经常有一些男女朋友的事情，但只是听说，也许是假的！

这就是我所谓的“斗篷”！

女　佳佳上　一九七三·一·六

比谁的女儿好

佳儿：

我儿一月六日的信，爸爸一月十九日收到，妈妈寄的钱也收到，这次多寄四百元，大概是年终奖金吧，我最近可能镶牙，就不太担心资本不足了，代爸爸向妈妈致谢。这里有位伯伯，他女儿也寄一条围巾给他，他高兴得逢人夸耀，又要跟我比谁的女儿好？只是他没有把围巾像我一样围在肚子上，而是围在脖子上，他说他肚子没有病。另一位叔叔，他问爸爸：“你女儿又寄三个小猫没有？”（他还记得去年你寄的是一张画着三个小猫的贺年片）我教他看围巾，他大为羡慕（他的女儿更小，什么都不会，只会爬）。下周续写。

爸爸　一九七三·一·二十七

过年了，斗篷钩好没有?

佳儿：

上周六恰逢阴历正月初一，停止发信（监狱规定，星期六可寄亲属一信），故而延至此周六，写此续信。我这里过年，遥听远村爆竹声声，甚乐、甚乐。我儿过年的情形如何？爸爸妈妈带你在巷子里跟别家小朋友放冲天炮，还记得不记得呢？“斗篷”钩好了没有？盼早日钩好，不要等到了天热穿不成。但也不要为做这些耽误功课，宁可什么事都做不好，不可功课做不好。信上说：“这次月考，退步四名。”那么现在你是第几名呢？名次没有关系，主要的是你对英文、数学必须有兴趣才行。我写给你的信，嘱咐了些我要你做的事，问了一些我想知道的事，而你从没有理会过，我们父女通信，成了单行道，只你一面之词，是没有看到我的信呢？还是心不在焉呢？

爸爸　一九七三・二・十

嘱买《历代职官表》、癣药

佳儿：

自从旧历年到今天，没有接到你的信，你知道爸爸多么不安，怕你有什么差错，担心你算术英文。现在嘱你办一件事：长官已批准我买一本史书：《历代职官表》，及买一支癣药，附上划拨单，你向妈妈借二百元（请妈妈下个月在给爸爸的赡养费内扣除），拿一百二十元到邮局（任何街头邮局都行），连同划拨单一齐交给他们，他们会给你一张收据，就可以了。另外八十元，到药房买一支“肤润康（flucont）”，武田药厂出品，大概七十五元，然后找一个硬盒子装起来寄给爸爸，这些事你办得好吗？看报，国际天花流行，你和妈妈、舅舅，都要去种痘，不可马马虎虎，以为没有关系，等到有关系时，就可怕了 。

爸爸　一九七三・四・十四

我用自己的钱，替您买东西

爸：

好久没有通信了，今日接您来信，我想这些事可以办好的，今天去参加英文背诵比赛，好紧张，底下都是一、二、三年级代表，及二年级同学，幸好没有背错，尚可安慰，名次如何，待下回分解。

我想那两百元不必向妈要了，我邮局有存款，用自己的好了，也免得去用妈的钱！

下个礼拜月考，“乱”紧张的，书也没温，真有无从温起的感觉！祝健康快乐。

佳上　一九七三・四・二十一

（编者按：社会上这时流行“乱”字，柏杨在狱中，一定不懂得这个新名词的含意。）

你知道爸爸如何想你吗？

佳儿：

一九七三・四・二十一的信和书籍、药膏，最近先后收到，谢谢我儿，不过你要告诉妈妈才好。《秋霜寸草心》看完了没有？英文背诵比赛的成绩如何？自阴历年（二月）起，到今天五月将尽，四个月中，吾儿才给爸爸一封信，你知道爸爸是如何的想念你吗？言不尽、写不尽。

爸爸　一九七三・五・十九

直到眼泪流枯，变成笑容，这才是人生。当年柏杨所在的监狱，今天作为博物馆遗存下来以供参观。

“乱”差劲

爸：

今天、明天月考，接到来信匆匆复信，免得一搁就是十天半个月的。五月十九日信接到了，英文背诵是第四名，“乱”差劲，现在功课总在二十名前后，还得努力，这次月考又完了！不过我还蛮用功的，平时都读，只是数学不能读罢了，尚能理解。

千拜托、万拜托要一部“迷你”脚踏车，结果车被偷，人也摔了，结果是人财两失。

舅舅去了一趟香港，妈妈甚为满意他带回的东西，我啊！马马虎虎！敬祝安康。

儿　佳佳敬上　　一九七三・五・二十八

需要些什么？药买得对吗？天气甚热当心身体（我却感冒了，哈！）。

不知怎的，我不大愿与妈说话

爸：

今天陈丽真阿姨来我校，听说生了小宝宝，真该恭喜，她说我久不给您来信，您非常急，但我一直未接来信，直到前些日子才收到一封，才又匆匆复信。

时间过得好快，我已经是个一百六十公分，四十七公斤的大孩子了，我不再是从前的小排骨。不知该用什么来形容这时间的飞逝，几年了，没见到您，好久了吧！从三年级到如今已有五个年头了，屈指算来也要用五个指头。好久了，真的！好久了。陈阿姨都说佳长高了，也大了，真的！又大又高。

从早到晚我在学校，回到了家也很少跟妈接触，各忙各的，不知怎的，我不大愿与妈说话，老师说我们正步入反叛性，我也希望是反叛性！

期考在望，这次的月考糟透了，得努力！祝安康。

明天的端午节愉快！

儿　佳佳敬上　一九七三·六·四

同学家庭复杂，给我感触很深

爸爸：

等了好长的一段时间，没有您的只字词组，莫非您没有接到我的信，第一次月考过完，紧接着第二次的月考也过了，提起笔了不知该给您写些什么？下午一位同学来玩（因为今天考试，所以上半天课），她的父亲过逝（世），家庭复杂，似乎她比我更值得同情，她说她经过许多的磨炼，看得也多，所以她好似一个十七八岁的少女，能够强颜欢笑，真的！没有人能够看得出她的父亲去逝（世），并有大妈与生母的复杂关系，不管他（她）了，这是别家的事，只是给我的感触很深！

物理很难，也许是初学的关系，不能适应，不过每次考都不能理想，这次的月考，希望……潦潦草草又是一张，不知那（哪）来的闲情意志（逸致）。天气冷热不定，要小心，像我还抱病赴试呢！注意身体！敬祝金安。

女　佳佳敬上　一九七三·六·七

给爸爸写信，不是还账

佳儿：

一九七三·六·四信收到，知你平安，我很高兴。没有接到我的信吗？那没有关系。你要常给爸爸来信，不一定像还账一样，接一封回一封。我没有请陈丽真阿姨去看你，是她好意，怕我不安。你要好好看待妈妈，爸爸离家时，妈妈还喂你吃饭呢，让我们父女共同度过这艰难的日子。

爸爸　一九七三·六·二十三

信丢了，难怪着急

爸爸：

接到二十三日的来信，令我惊讶的是您只接到我六月四日的一封信，先前我寄了三、四封的信给您，您都没接到吗？于是妈要我在信角上编号，这样丢了一封就知道了，那么多封信您都没接到，难怪要着急了！妈看了您的来信，都骂我说：为什么不写信给您？

正是期考，一个学期又快结束了，一眨眼又是一年，这一年，我除了啃书应付考试外，就只跟一些同学们看看电影、玩玩，初一快结束了。

时间过得好快，又是夏天了，星期五考完期考，我想去游泳，焦蓓绮，爸！您还记得吧！那从小同我一起玩的小女孩，她还要请我看电影呢！您知道吗？

女　佳佳敬上　一九七三・七・四

我不了解妈妈，妈妈更不了解我

爸：

已经放暑假了，这炎热的夏天，带给我无限的烦恼，不知该从哪里对您说起，男生的一个电话，惹得妈妈把我臭骂一顿，别人的父母绝不会如此，爸，千万别给妈知道了！现在我与妈之间好像有一层无形隔阂，她不了解我，我更不了解她，常常为了一点小事而呕（怄）气着。天！我真不知该怎么办？我知道我不该给爸添烦恼的，但我又何处去诉，同学们可是亲眼目睹，不用我去讲……

我好想要一辆跑车（脚踏车），可是妈就是不准，急死我了，真的！我好想要，爸，您以为如何？敬祝安康。

佳儿敬上　一九七三・七・十五

（明天我要去露营四天。）

接不到儿信，从梦中惊悸而醒

佳儿：

看到你一九七三・七・四的信和附的照片，很高兴，代我向郑小妹问好，焦蓓绮我怎么会不记得她呢？她是我们家的小贵宾呀！也代我问她好。再来信不要编号了，监狱禁止信件编号。你每次来信，我都有回信，如果我没有回信，那就是没有接到，邮递途中遗失了。（编者按：柏杨有句话不能说："被监狱官查扣了！"）我想每月能接到你一封信，知道你平安，就安心了。有时很久没有接到你的信，我会不时地从梦中惊悸而醒，好像你有了危险，呼喊爸爸救你，久久不能平息。暑假好好玩，但游泳时一定要有大人陪伴才可，不要到河里溪里去，不要逞强。

爸爸　一九七三・七・二十一

直到眼泪流枯，变成笑容，才是人生

佳儿：

你一九七三・五・二十八的信因为只贴了一角钱的邮票，绿岛邮局在作第二次欠资通知时，我才把邮票寄去，等他们再寄来，已将近两月了。如果第二次欠资通知我仍没有接到，他们一定会盖上"拒收"图章，退了回去。以后做事要小心，怎么一角一元都分不清呢。然而为了一元八角的罚款，竟没有一位仁人君子肯代一垫，延误这么久，又几乎“拒收”，这世界也太冷酷了。7 / 15 的信同时接到，非常高兴。爸爸想告诉你：要学习忍耐，贫苦家的孩子所以都前途无量，就是因为他们自幼就学会了忍耐。痛苦是无尽的，要一直到眼泪流枯，变成笑容，才是人生。爸爸爱你！我儿，记住这些话，试试忍耐。

爸爸　一九七三・七・二十八

爸爸节、中秋节，在等信中度过

我儿：

我 7 / 28 写给你的信，接到了吗？到今天又将两个月了。八月八日爸爸节，我想可能会接到我儿的信。中秋节，我又想可能会接到我儿的信。九月十七日你生日又到，我本打算再托陈丽真阿姨像去年一样，送给你一个蛋糕，但她也两个月没有信，而她的家庭负担又重，所以没有托她。只在这里寄上爸爸的爱。我本来要问你近来读书情形，又想嘱咐你一些事情，知道得不到回答，不再多说了。照这信所用的稿纸，代爸爸买五百张寄来，这里买不到。走路要小心，注意来往车辆，愿我儿生日快乐。

爸爸　一九七三・九・十五

爸，祝您百事可乐

爸：

请您不要这样说，我没寄信给您，是因为从暑假不久，我就住到华昌言家了，还记得吗？那个与我又吵又闹的儿时玩伴！因为我认识了一些不（无）益于我功课的朋友，华昌言功课好，所以住在她家，向她学习，当然星期假日是要回家的，这次生日也是在家过的，但总觉得少了什么似的！

近来可好？希望您自己保重，我们都不在您的身边，我也“大”了，当然可以自己管自己的，不知您有没有研究心理学（儿童、青年……）？妈妈喜欢拆我的信，应该吗？您觉得是否我们应该用自己的方法来发泄？

离得太远了，这叫什么写信，最近我对琼瑶的文章有些入迷，当然也不是陷入所谓的灰色思想！不多写了，祝福您百事可乐！

佳儿敬上　一九七三·九·二十四

儿长大到能替妈妈想想吗？

佳佳：

我九月十五日给你的信嘱你买稿纸寄来，没有接到，大概你根本没有看见我这一段话。我急需要，而此地无法购到，所以盼我儿马上寄来十本，注意：稿纸要与此信所用的同一大小。多爱妈妈吧！一个人要在小孩子时就训练自己不要一味只想到自己，要学习了解

1978年2月4日，出狱甫满一年，五十九岁的柏杨和三十九岁的张香华缔结良缘，完成他的第五次婚姻。

别人，为别人多想一想。我儿：你既然“大”了，也“大”到替妈妈想一想的程度吗？

爸爸　一九七三·十·六

我去跳舞

爸：

好久没有接到您的来信，非常挂念！双十国庆过得如何？台北早上大台风下大雨，偏偏可怜了倪文亚先生及游行的学生，淋成落汤鸡！您大概没看实况转播。我没有去游行，所以在家享了一天的清福。

上个礼拜月考，这个礼拜才可好好松弛一下紧张的心情，您的国庆怎么过的？唉！学校又在准备节目，因为“总统华诞”也快到了，我记得上次的“总统华诞”我还去跳舞呢！这次又要唱爱国歌曲，中小学共选了三百多人，想必非常壮观。可惜您不能来看！

下封信我要寄给您几张相片（因为还未加洗，所以现在不能寄来），那是我在旅行时照的，您看看我，越长越大了呢！

现在在家，有时读读书，或写写信，到（倒）也舒服！在学校呢？最近台风要来不来，我和同学们都希望台风能来，这样就会停课，这是大家所希望的！

最近台视有一部影集《功夫》，我觉得它含意很深，劝人谦让、耐苦、守正义……台风相信没有带给绿岛什么灾害吧！最近天气变化无穷（常），当心别感冒了，保重自己的身体，像我！哈！健壮如牛也。需要什么，告诉我啊！不多写了。祝您健康！

儿 佳佳 一九七三·十·十三

不知您是否冻着了？冷着了？

爸爸：

每当我拖着疲累不堪的身子，钻进那个温暖的被子时，不知您是否冻着了？冷着了？好久没有接到您的来信，不知您需要什么？近来情况如何？天气凉了加了衣服没有？我却仍被那繁重的功课压迫着，听着呼呼风声，增添几许……窗户格格作响，不知绿岛是否也是如此？要会照顾自己，否则遥远的我，又如何来照顾您呢？

已经十一点了，不知您是否睡了？刚刚才把功课准备就绪，提起笔来给您写信，近来功课进步许多，请您放心！英文会拿一百呢！

最近国际情势您可知道，虽然才十三岁的我，但“爱国之心人皆有之”，所以我也有些关心，“能源危机”是现在热门社论之一，还有英公主安妮结婚，刚刚才由电视看她们出西敏寺上玻璃马车呢！——好一个头条新闻。

妈妈生日快到，不知该送什么好？刚才才问干姐姐——程梅生，已考上台湾大学，经济系高材生也——她也不知道（合阳历十一月三十日……今年妈的生日），不多写了，已是上床的时候了。祝身体健康。

女 佳佳敬上 一九七三·十一·二十三

奇怪！一点音讯都没有

爸：

明天（元旦）星舅舅要结婚了，好不容易吧（妈妈的最小弟弟）！

奇怪！最近您怎么一直都没有写信来？期待再期待！圣诞卡寄出也是一点音讯都没有，莫非又搬家了？最近天气好冷，有时居然还四度六度的，身子要当心，不要冷着了，最近您没有写信来，也不知您需要什么。

这次月考进步了五名，并不理想，希望期考能加油，考好一些，其实好坏靠自己，自己不努力也没办法！请回信！祝安康。

女　佳儿敬上　一九七三・十二・三十一

我们父女终必团圆

佳儿：

一九七三・十二・三十一信悉，圣诞卡未见，大概遗失了。星舅舅结婚，代爸爸向他们祝福。你同学父亲死了，使我忧伤。俗话说：“宁隔千里远，莫隔一层板。”爸爸虽暂时不能跟你在一起，但我们父女终必团圆，而她却永不能了，你要多安慰鼓励她。你说临睡时常想念爸爸，吾儿孝心——感动久久，记得我在家，你每次睡时，都是爸爸跪在床前，在被窝里握着你的小手讲故事，你总大叫：“好舒服啊。”然后才沉沉睡去。现在，爸爸已向长官申请购买了一块塑料布，垫在地板与褥子之间，不愁潮湿，睡得甚好，身体要比从前结实十倍，深冬仍每日冷水洗澡，吾儿不要想念。功课注意英文算术。

爸爸　一九七四·一·十三

收到好多压岁钱

爸：

您好！今年过年，我收到好多压岁钱，我好高兴，因为这次收获异常丰富，公公婆婆到台北来过年，公公很疼我，我也很喜欢他。年过得是否愉快？

寒假的四分之三已经过去了，短短的三个礼拜，眼睛还来不及睁开接受这个事实呢！二月四日返校，我一直担心着成绩单！

这个寒假不“寒”，我还穿裙子呢！物价涨得厉害，钱也不值钱了！“要用少用，不用不买”，这是报上的口号，我看也只有这样啦！敬祝安康快乐。

佳儿敬上　一九七四·一·三十

发誓永不离开我儿

佳儿：

你自一九七四·一·三十来过一信后，四个月整，都没有来一信，也没有回一信。自你生下，爸爸全部的爱倾注我儿，发誓永不离开你，要亲手抚养你长大成人。而今远隔关山，是爸爸对不起我儿之处，然并非出于爸爸狠心，我儿总要了解。四月之久，爸爸在斗室之中，坐卧都不能安。盼望写数字来，再寄稿纸五叠。

爸爸　一九七四·五·二十六

泪水模糊了我的眼睛

爸：

接到您 5 / 26 来信，也很着急，在四月中也曾去信，但是一直不见您回信（这四个月，我也是一封信都没接到）！以为爸爸有事，或是又迁移了，问妈妈，她也不知道，接到来信才放心多了！

别以为佳儿怪您，我不会的，总有一天还会见到您的，是吗？好久，我不曾为这件事感到悲伤，记得小学时，每接一封您的来信，哭一次，现在，似乎泪水干竭了，但是昨天看了您的来信，泪水又模糊了我的眼睛，唉！幸好我大了，也能克制自己了！同学看到您的相片，说您好高，我怎么那么矮？其实我也不矮了，一六〇公分，四七．五公斤，相信您怎么也不会想到以前那个又瘦又小的我，站起来要比妈多半个头吧？

功课好忙，升学的竞争快把我逼疯了，才初二，学校就要我们复习。念书！念书！唉！奈何？不过不管怎样，我仍是念！念！念！不为别的，为将来的前途！太多老师告诉我们。每天我念到九点，睡四五个小时，半夜再爬起来念，眼睛都因睡眠不足而红肿肿的，别为我担心，大家都是如此！希望这封信您能接到……祝健康！快乐！

佳儿敬上　一九七三（四）·三·四

爸爸哪里去了？告诉我，我不哭

佳儿：

不要哭，记得我初离家时，你呆呆地问妈妈："爸爸哪里去了？告诉我，我不哭。"现在也要这样，相信我们父女会很快地团圆。至于你说："以为爸爸有事，或是又迁移。"我写信不便，如我二十年无信，你也不问问吗？我儿太小，难负此重担，注意眼睛，每天最好吃一二粒鱼肝油丸（你此信日期，写为一九七三·三·四，怎么会恍惚如此？）

爸爸　一九七四·六·二十二

记得您陪我玩

爸爸：

接到您来信时，正是期考，看了您的来信我很难过，我知道您在责备我这个不孝的女儿！唉……这封信又拖了几天，您该不会怪我吧！期考过了，下学期就是三年级了，您相不相信，以前在面摊上吵着吃阳春面的小女儿，如今要考高中了？快！时间竟是如此不留人！我大了，高了，壮了，不像以前妈妈所谓的“瘦精干”了！今天，好特别，我好像很难过，记得以前您陪我在幼儿园的操场上玩，教我……唉！只有一个字来形容它——快！

放暑假了，昨晚就逍遥了一晚，轻松的一晚，积久了的期考压迫似乎卸下了！一下子整个人像崩溃了，九科的课本，全册考，唉！苦！苦极了！高中联考，四十九册课本全考。给我支持！给我鼓励，让我明年度（渡）过这一关！

祝安康。

儿　佳佳敬上　一九七四·七·六

爸！要怪就怪吧！要骂就骂吧

爸爸：

终于我鼓起了勇气提起笔来写了这封信，不知您是否能收到它？好久了，我甚至连信纸都不曾沾过，多么不孝的女儿！不会再说功课忙，不会再说因为您的不回信而没写信给您。不会！不会再有任何借口，爸！要怪就怪吧！要骂就骂吧！一个暑假甚至连父亲节都没有写信给您！爸！什么时候才能不因需要稿纸才写信给我？

初三了，马上就高中联考了，明年，明年的这个时候，您一定已经获得了佳音！希望那是一个佳音，这一年，这一年我将为您、为自己而努力，我将为那成功之路铺上跳板，这个暑假就在书本中耗过，但暑假，总（终）究玩心太重，无法专心一致，而且化学、物理、数学异常的烦人，唉！上天助我！

您好吗？好久没接到您的信了！爸爸给我精神上的支持与鼓励好吗？祝您的女儿顺利进入北一女的大门好吗！明年！很快，这一年，我会用功的！

祝健康快乐。

女　佳佳敬上　一九七四·八·二十六

怕信件会增加你烦扰

佳佳吾儿：

七月六日、八月二十六日两封信和照片都接到了，我本想多写信给你，但又怕我的信件会增加你的烦扰，所以我想，两三个月给你一信，让你知为父仍在世上，即可。你也两三个月给我一信，我只要知你平安，心就静宁。只要努力，你会考上北一女的，全靠英文数学，应多注意。距明年还有一年，不必着急。

爸爸　一九七四·九·八

希望自己是一张白纸

爸：

我已经三年级了，每升一级就有无限感慨，生日过了，又增加了一岁，我多么希望再回到小的时候，没有升学的压迫，没有人事的繁杂，每个人都仍是一片白纸，那么纯！如果能再回头，我要先改造我的白纸，我要使它变得绚丽灿烂！我又在做白日梦了，大概现在正是“爱幻想”的时候吧！

功课很紧，因为明年就要考高中了，学校又逼得紧，经常一天只睡三四个小时，白天上课就拼命打瞌睡！但也没有办法，大家都在竞争！竞争！一松懈就被别人挤下来了，用功！也只好用功了！

祝安康。

女　佳佳敬上　一九七三（四）·九·二十一

能看到她得救，死也瞑目

佳佳：

9／21信收到，郑绍颖小弟的信也收到，他写得很好，我很喜欢。吾儿，你要马上去买一份（或数份）十月四日的《青年战士报》，在第七版，登有屏东县林月华小妹，一个六岁的小女孩患血管瘤的消息和照片，她在照片中露出可怕的病腿在哭，爸爸看了，也忍不住哭。吾儿，你要帮助她，使她早日治愈，她不过为了父母贫穷，便眼睁睁看自己死亡，而呼天不应。请绍颖小弟帮助你，把报纸给同学看。这小女孩就是我心目中的小女儿，我能看到她得救，死也瞑目。

爸爸　一九七四·十·十三

郭伯伯：

我是本明的同学，我叫郑绍颖，这封信是我代本明寄给您的。

吾儿，经过痛哭的人才能认识人生，这毋宁是可喜悦的，你已接触到人生了。

本来，您是可以早些收到这封信的，本明在收到您来信的当晚便回信给您。但是，那天我竟忘了寄，直到今天才想起来，使您晚了好几天才收到信，我非常抱歉，请您原谅。恭请崇安!

侄　绍颖敬上　九月二十七日

一九七四·十·四收到（编者按：上面日期系柏杨自注收到"郑绍颖信"时间，特附在此。又，柏杨女儿的本名是"郭本明"，小名"佳佳"。）

卡片好不好看？我喜欢朦胧美

爸：

新年快到了，又是新的一年开始，好久没有接到您的来信，好挂念！功课很忙，一册册地复习，模拟考已经两次了，全校二百九十六人，我考四十二、三十六名，只希望我的成绩能令您欣慰，我就觉得有代价了！

天气冷热不定，要自己保重，我的身体很好，不要担心，您一定在怪我没有写信给您，接到这张卡面（片），一定回信给我，写多一点，让我看了好安心，现在我最需要的就是睡眠了，有时读书到两三点才上床，苦是苦了一点，但是为了明年的北一女，也得努力！我真希望能和干姐一样上台大！

需要些什么？都要写信来，不要不写使得我们很牵挂，圣诞节过得如何？我们跟（根）本不算在过节，一边玩一边担心第二天的考试，升学竞争太厉害，不得不下功夫！卡片好不好看？我喜欢这种朦胧美感！祝安康。Happy New Year。

佳　一九七四・十二・三十

竞争的一年，恐怖的一年

爸：

近来可好？天气越来越冷，我又怕冷，天天穿得像圆球一样，缺不缺衣服或其他的东西？放寒假——仍要上课，但总是轻松点，希望您能多写信来，好久没有接到您的信了，不知为什么寄了卡片也没有您的回音，急得要死，前几天考期考也没什么心绪，心绪不宁的（得）考得好不安稳，不管怎样，希望您回个信好吗？告诉我您的情况！需要什么？身体如何？

想不想听听我学校的情形？这是恐怖的一年，也是竞争的一年，为了前途，为了父母，为了自己，不得不为分数奋斗，读！拼命地读！希望那些书本上的字都像钢板一样刻到脑子里，都只为了明年的北一女。今天看了一个（部）电影《夺标》，它的教育意义很大，看了它我才知道做一件事必须要有信心、勇气与毅力，跌倒了爬起来，这些每个人都知道的，可惜的是做到与否罢了！

祝安宁。

佳　一九七五・一・十八

买几尺布来，爸爸衣裤多破

佳儿：

一九七四·十二·三十发的贺年卡已寄来，有家的人都接到家人的贺年卡和照片，他们脸上的笑容说明他们内心的安慰。我虽数月未接到什么，但相信可以接到，果然接到。我曾嘱你救助林月华小妹，又请郑绍颖小弟助你，未见回音。我儿，当我们有力量帮助人时，应尽我们的力量帮助人，尤其是对比我们更苦的人。放寒假后，请买数尺竹布（比斜纹布次一级的薄布），蓝色、灰色均可，爸爸衣裤多破，需要缝补。考试的名次没有关系，主要在于对功课消化了没有？是不是真正的懂了？我儿，今年是一个好年，祝福你。

爸爸　一九七五·一·十二

接到您的信，痛哭一场

爸：

接到您的信，感触很多，心里很难过，我这个女儿居然令父亲到衣服都要用补的地步，我哭了，痛哭了一场，心里好多了，打了个电话告诉妈，妈买了一些东西给您寄去，清单如下：（接到之后请立即回信告诉我们收到没有。）

这是第一批寄去，以后还有（第二批明日就寄）：

一、汗衫四件、二、毛巾四条、三、内裤一条、四、卫生裤五条、五、卫生衣二件、六、围巾一条、七、睡衣裤二套、八、毛袜四双、九、绒衬衫二件、十、牙膏二条、十一、被单一床、十二、被一条（外加被套）、十三、松紧带一束、十四、拖鞋一双。

佳儿　一九七五·一·二十一

爸：

第二批物品的清单如下：

一、西装裤二条、二、毛衣三件（红、蓝、棕）、三、袜子三双、四、夹克一件（内有夹毛）、五、棉絮一条、六、奶粉一包（五镑（磅）纸装）、七、拖鞋一双（有绒毛）、八、方糖三盒、九、萨其马一大包、十、葡萄干一包、十一、笋豆二包、十二、花生二包（带壳）、十三、花生米二包、十四、香皂六块、十五、花生酱一罐。

附注：第一批清单中遗漏登记方围巾一条（黑色）。

接到两批东西（共三包），务请来信告知，以便日后常寄。爸爸，请放心，要什么东西，都请来信，我们会尽力而办，能否寄药物（补药）？也请告，总之，请保重身体，多多宽心，年前妈妈还会寄食物，请告知衣服都合身否，以便知道能否穿。爱你、爱你！保重、保重！天冷可穿两双袜，脚就不冷了。祝安康。

佳儿　一九七五·一·二十二

原来您没有接到我的信

爸：

您好吗？不知寄去的衣物、食品收到否？合意吗？接到您的上一封信，我哭了一下午，您那短短的信笺赚取了我不少的眼泪，也使我感到惭愧。您说您三月未接我的片纸只字、照片，使我惊讶，难怪我觉得奇怪，您为什么一直不“回”信给我？原来您没有接到我的信，真奇怪！希望您尽快回复我们好吗？有没有收到一张我们合唱比赛照的（好久以前寄的）照片？请告诉我！缺什么请来信告知，我相信我还有能力，不至于使我的父亲连衣服都要用补的！

三下了，功课更繁重了，现在是寒假，但仍天天补习，考得焦头烂额，每个人都在努力，我也更不能懈怠，唉：竞争！竞争！祝安康。

佳儿　一九七五·一·二十六晚

一股幽幽的烟味，使我回忆儿时

爸：

妈从箱中找出了二件以前您的西装，妈说虽是旧的，但能穿，能御寒也是好的！刚刚洗衣店的人送了来，我打开来，还有散不尽的烟味，闻到了它，我想起小时侯，每每可从您身上闻到一鼓（股）“幽幽”的烟味，使我到现在仍然喜欢闻那鼓（股）味道，不知道为什么？也许是为了抓回那么一点回忆……

烟要少抽，身体要紧，时常走走，做做体操！妈说您很高，比星舅舅略高一点——我已经记不得了，我希望将来，看到的您，仍是如此的高傲、如此的挺拔，郑绍颖是个女孩，是我的知心好友，她总是稳健的，而我总是浮躁的！她鼓励我、支持我，我很欣幸能有她那么一位好友！我现在长高了，如果和您站在一起，不知到您哪里，我已经十六几（岁）了呢！祝安康。

佳儿　一九七五・一・二十七

上街帮您办年货

爸爸：

刚刚上街帮您办年货，明天会给您寄出的！今天接到您的来信（一九七五・二・二），如今的清单如下：

一、花生糖（二种）四包、二、小芝麻饼二包、三、桂圆一包、四、豆腐干一包、五、五香花生米二包、六、芝麻花生软糖一包、七、金果一包。

不知您爱吃什么，妈说您的味（胃）口和我差不多，就胡乱地买了一些，希望今年新年过得愉快，是否没钱买邮票？（寄限时专送）那我再寄一些钱去！

祝新年快乐

佳儿敬上　一九七五・二・七

原谅我在记忆中搜不回您的影子

爸：

除夕夜，人人团聚的日子，而今我和妈妈吃了些饺子也过了，每年，不是也都过了吗？而今年也许是我大了，懂事了，但感触也特别多，我多么希望再回到那童稚无知的年龄，不再为金钱，不再为感情，不再为任何事去操心！爸！年复一年，我也大了，还能模拟我的样子吗？原谅我！我无法再在我的记忆中搜回您的影子，好像很远，那么远、那么小，唉！爸！想你！爱你！

东西接到了没？是我买的、我挑的、我选的，代表了我的爱、我的关怀！我的思念！原谅我，原谅我以往的忽略，您会吗？想你！爱你！祝

新年快乐！

佳儿敬上　一九七五・二・十

阴历年，官不收信

佳儿：

你 1 / 18，1 / 21，1 / 22，1 / 26，2 / 7 的信，都已收到。上周因阴历年，官不收信，故延到今天。衣服都很合身，堆地铺几满，夹克睡衣当天便穿上，被子厚而且大，正抗天寒，奶粉即食，味甚清香。糖果有一二是爸爸在外喜欢吃的，难得吾儿还曾记忆，但以后不要再寄了，因爸爸在敦化南路所镶之牙，已脱落数年，无法补装，咀嚼困难。

爸爸　一九七五・二・十六

爸！希望您给我鼓励

爸：

明天就要开学了，又要开始忙碌，又要钻进那些可怕的课本里去了，短暂的寒假，一会儿就过去了，带来的，只是若干时日的假期和无限的惆怅——又送去了一年，而我又长了一岁，人是多变的，从那么一个小不点长到现在，那些日子是如何过的，令人难以想象，而一幌（晃），我初中都快毕业了，也许若干月后我会写信告诉您，我已经穿上了绿制服（北一女制服的颜色是绿的）走进北一女的大门！爸！希望您给我鼓励给我信心，让我有足够的勇气与实力作最后的冲刺！祝安康。

佳宝敬上　一九七五・二・十七

只要您穿得舒服

爸：

接到您的信，使得我高兴不已，今天才18日呢！记得17日我也同时寄一封信给您呢！不知接到否？好快！您的信两天就接到了，以后来信请用限时，好吗？这样也可减轻两地相思之苦，您知道不？接到您的信，我高兴得…… 不要太节省，该花的、该用的都尽量地用，衣服都合适，那么以后将依节令寄去衣服！那边可有镶牙？若有，需要多少钱？请告知，千万千万要告诉我们！牙齿是很重要的！

只要您高兴，您穿得舒适，“钱”！那是不要紧的，为了您，我们将会尽力而为的，不必记挂心上，毛衣都能保暖吧？穿得舒服吧！今天开学第二天，已经进入“情况”了！祝安康。

佳儿敬上　一九七五·二·十八

多少心事，告诉我儿

佳儿：

2／10，2／18信接到，看样子你真是长大了，爸爸既高兴又感伤，高兴的是你的成长，伤感的是你不得不开始面对整个世界，你曾为爸爸衣服褴褛哭过，吾儿，经过痛哭的人才能认识人生，这毋宁是可喜悦的，你已接触到人生了。数年来，我几次梦见吾儿赤着双足，手执小碗，沿街讨饭，现在始安。我们住在敦化南路时，爸爸常常幻想能迎养我的父亲（我的母亲早亡，对她一点也不记得了），入狱后又暗自庆幸没有迎养，否则他老人家流落街头，我几乎可以看到他佝偻的背影，现在我想我儿会照顾祖父。这都是我多少年来的心事，——告诉吾儿。

爸爸　一九七五·二·二十三

附笔：既已开学，应把心用到功课上，暂不要来信，切嘱。

我不是苛求写字，只是盼吾儿在提笔时，要控制自己，不要急，不要快，要慢慢地写。将来面对竞争剧烈的考试题也如此，要想考取就困难了。

牙齿如何？请告知

爸：

相信2／17，2／18二信已经接到！开学已经一个礼拜，虽刚开学，但是紧张气氛笼罩，同学们都孜孜于课业，考试更是接踵而来，我们学校就是以考试多、升学率高闻名的！一天八节课，又另加两节，早上一大早就爬起，尤其现在天气正寒，早上苦极了，因为晚上又睡得晚，天气又冷，唉！为学最苦！

现在天气好冷，寄去的衣服正好赶上用场！棉被一定很舒适，一些毛衣正可御寒，千万注意身体，免得我们担心，牙齿如何？请告知！祝安康。

佳儿敬上　一九七五・二・二十三

请教我如何写论说文

爸：

今天是星期二，好快！开学也有一个多礼拜了！

我作文一向不擅长写论说文，抒情文倒是可以应付，但每遇论说文就头大，老师告诉我们要写正、反、合三部分，且多多举历史上的故事则更好，但是我就是不会开头和结尾，所以每每写得文不对题，不知爸爸能不能告诉我一些论说文的写法？在联考中作文就占了八十分，非常重！

现在学校正在替我们作复习，有时一读就是若干册！所以睡得都较晚，而且我自己也必须计划一下进度，天天温一点，免得到时应付不了！对了，下回想再寄一张照片去，上次我的照片接到了没有？祝安康。

佳儿敬上　一九七五·二·二十五

我们像《双城记》里的父女

佳儿：

2／17信和照片接到，吾儿真是大孩子了，可喜！然岁月堪惊。我们非常像《双城记》里的医生父女，女儿终于照顾了她已记不得面貌声音的可怜老父。记得有一卷录音带是我们住在建国南路时，爸爸抱着你录的，你那时才一岁，只会说“啊”，如果仍在，可放出听听。但不要现在听，等考取高中之后再听。这里不准吸烟，所以我的咳嗽早痊。不能补牙，每饭即用棉花先塞补，也可支持。我常吃别人家里寄来的东西，现在有东西回报，甚为安慰。你会考取北一女的，但不要急躁不安，这跟漠不在意同样有害。

爸爸　一九七五·三·二

（梁上元阿姨的父亲死了，下周我将写信请陈丽真阿姨去吊慰她，你仍不要来信，全心用到功课上。）

郑绍颖小妹妹有灵性

佳：

2／23，2／25信，跟八百元收到，我买了很多东西吃，有肉松、鱼松、豆腐乳和一些药品，但这样是不是太浪费了。最近恰逢恢复申请买书，当买些古书读。你屡次信上提的事，和爸爸要告诉你的事，现在一件件写给你：第一件，郑绍颖小妹，看名字像个男孩子，写的信和写的字都比你好。有一次你托她寄信，她忘了，然后在你信里夹了一封道歉的信给我，这是一件灵性的举动，一个呆板的或一个冷漠的人，不会有这种反应，至多在想起时投邮就算了，没有人知道曾经延误。而且字又写得那么好，爸爸很喜欢她，将来一定把她当干女儿，盼你跟她多学习。

爸爸　一九七五·三·十六

我要跟郑绍颖学习的地方太多

爸：

3／16信接到了，心里是既喜且忧，因为我发觉我开始要嫉妒郑绍颖了！

郑，她是我们班的班长，古人说："人非圣贤，孰能无过"，然而我却从来没有发觉她有一丝的缺点！她实在是太好了，人人都喜欢她，当然我也不例外，而且品学兼优，师长都好喜欢她，又特别的聪明，作文之棒，无人可及！我要跟她学习的地方太多了，她坚忍且求真，处处为别人着想……而这些都是我没有的！

上个礼拜未接来信，而这个礼拜又直到现在才接获，心情如何？也不用讲了！有什么东西可以买的就买，如何说是浪费呢？身子不好，会急煞人的！那边有书可买吗？能不能让我给您寄去？要什么书？祝安康。

佳儿敬上　一九七五·三·二十

要学会控制自己，不要急，不要快

佳：

第二件，爸爸需要一个一五〇度的老花眼镜，你禀告妈妈，乘星期日或假期，购买寄来（问眼镜店老板邮寄的方法，恐怕要用毛巾包起来，再装入硬纸盒里，以免途中压破）。第三件，从吾儿来信的字迹上，我担心你的镇静功夫，也就是担心你会不会定下来，吾儿小时候写字飞快，一下子用橡皮擦了又写，爸爸在旁边都看得眼花缭乱。郑绍颖小妹的字都是一笔一画的，梁上元阿姨在北一女时写的字，真是秀丽之极，比爸爸写得好百倍。我不是苛求写字，只是盼吾儿在提笔时，要控制自己，不要急，不要快，要慢慢地写。我猜你对爸爸的信，大概一瞥而过，既没有详细读，也没有读第二遍。将来面对竞争剧烈的考试题也如此，要想考取就困难了。

爸爸　一九七五·三·二十三

（下星期爸爸要写信给梁上元阿姨）

一百度的热度降为冰点

爸：

3 / 16，3 / 23 信都收到了，所嘱咐的事情本是想 3 / 29，3 / 30 趁着这两天的假日给您去配的，不过因为公公、婆婆的北上度假而担（耽）搁了，不过妈说她将尽速帮您去配！

看到爸爸的来信，我发觉我们似乎有着极大的隔阂！我怎会对您的来信“一瞥而过，既没有详读，也没有读第二遍”呢？我面对的是我的爸爸，我的生身之父！我怎会？我怎会？还有什么字能表达我接到您的来信时那份惶恐的心情？如果真如您所写，我还算是人？尽管我以前忽略了您，但现在，您不能原谅您的女儿吗？难道您还要继续地刺伤我？看到您的信，不知道该如何回信？我怕！您可知道当了解父女之间那份浓挚的亲情时，我多渴望能写信给您，但我所看到的却是“以后暂时不要写信来”，我还能说什么？一百度的热度也降为冰点了！

对不起！爸爸！我太激动了，但这些却是在我肚子里盘旋很久的事了！……原谅我，祝安康。

佳儿敬上　一九七五・三・三十一

请原谅我的冲动！

爸：

相信您已接到我的信了，原谅我！原谅我的冲动！

忙碌！忙碌！忙碌填满了我的生活，还有八十四天联考，八十四天说长不长，说短不短，却使得我们捏着冷汗，孜孜不倦地啃书，不仅忙碌，而且紧张，这些填满了我的日子，一天短短的二十四小时，分配给这两者，还嫌不够呢？哪还有时间去玩？（心情自然也没有。）

这周没有您的来信，我知道您是写信给梁阿姨了，所以不急，只是担心您会不会生我的气——那么一封“轰轰烈烈”的信！明天妈要给您寄钱去（八百元），还有肉松，下午就去配眼镜，眼镜的事担（耽）搁了有段日子了，对不起，爸，我想您不会怪我吧！那张书签好看吗，特别到书展买的呢。祝安康。

佳儿敬上　一九七五・四・五

要知道爸爸忍受寂寞的苦心

佳：

3／20，3／31 信收到，那个孩子流泪的画像，使我心情沉重，一九七四・一・三十你也寄来一张孩子流泪的画像，上面的字是：“当我们不在一起的时候，愿永远祝福您。”这已是一年前的事了，我一直放在我的地铺床头，每一次看到，眼泪跟他齐下。吾儿对我嘱咐“暂时不要来信”，太误解了，爸爸一生常遇到这种内心从没有想到过而被人肯定一定如此的事情，想不到吾儿对爸爸也这样。我日夜辗转斗室，只有攀窗才可望见天际，岂不想得到吾儿一信。自入狱后，只有陈丽真阿姨还常来信，人海茫茫，还有谁是

有幽默感的人，生命力都有很大弹性，能够抵抗人生逆境，包括可怕的打击。我只担心一件事，如果你考不取北一女，你将如何？你有大无畏的勇气，接受这种在你看起来天崩地裂的世界末日吗？

亲？有谁是友？每星期五发信或发包裹时，爸爸几个月听不到被唤名字，人生凄凉，孰逾于此？岂不愿吾儿天天来信。但只怕你把写信当做一件重要负担，耽误功课。吾儿，你不会知道爸爸自愿忍受寂寞的苦心。

爸　一九七五·四·六

眼睛哭肿得像核桃

爸：

我发觉我是多么的自私，心胸多么的狭小，居然……我不知道我该怎么形容自己——一个愚蠢、无知、自私的小女孩。我怎能再给您打击，怎么能再加重您的负担，接到了您的信，一晚没讲话，哭得早上眼睛肿得像核桃一样大，我不是想解释什么，而是想告诉您，您在我心中的地位！

4 / 6的信，昨天才收到，平常星期二、三就接到了，从星期一我开始期待，但直到4 / 9也没收到，就寄了张画给您，但是一直还念着，昨晚只听得摩托车“隆隆”作响，果然，您知道我有多高兴！

眼镜明天才能去配（妈没空！），又拖了一个礼拜，对不起，爸！

我很乐意写信给您呢！因为我知道我的信能带给您欢乐！（相信我没有高估自己）祝安康。

佳儿敬上　一九七五·四·十二

有幽默感的人能抵抗逆境

佳：

4／5信，和八百元收到，你说你那封信“轰轰烈烈”，可真是轰轰烈烈，吾儿有幽默感而且心情开朗，爸爸一想起来就笑得嘴合不住（像个活呆瓜）。有幽默感的人，生命力都有很大弹性，能够抵抗人生逆境，包括可怕的打击。吾儿为了考北一女，神经像拉紧了的弓弦，我担心的只有一件事，如果你考不取北一女，你将如何？你有大无畏的勇气，接受这种在你看起来天崩地裂的世界末日吗？希望再来信时告诉爸爸。爸爸相信你一定会考取，但要镇静（可是话又说回来，我要是你，恐怕比你更紧张）。

爸　一九七五·四·十三

不敢武断回答爸爸的问题

爸：

昨日（星期三，4／16）妈寄去了一个包裹，清单如下：

肉松、鱼松各一包，短袖衬衫二件，长袖衬衫一件，短袖睡衣一套，卫生衫一件，灰西长裤一条，西装上衣二件。

还有眼镜，不过是另外装的，怕压坏了，天气渐热（台北已经热得像火烤，又闷，难过极了！）自己衣服要酌量地穿！

接到4／13来信，可知您还没有接到我4／9，4／12二信和照片！

爸问我的问题，我不敢武断地回答，我想，到那时才能知道，现在说了，到那时又不一定了，不过最好是考上“北么（北一女）”，那也不必作其他的打算了！祝安康。

佳儿敬上　一九七五·四·十七

4／13的信，今天才接到！

你不可催妈妈

佳：

4／12信跟附在里面画的小女孩像收到，使我大大地震惊，吾儿画得很好，“条条大路通罗马”，不一定要在学士博士圈中打转，如果你能专心，爸爸相信你可有很大成就，盼望吾儿不要抛弃这份兴趣。照片我夹到相簿里（爸爸向人买了一个小相簿，寄来的照片都装在里面，有我离家那一年你过生日的照片）。提起郑绍颖，她头脑清晰而有条理，上次写信给我时，头两句就说：“我是本明的同学，我叫郑绍颖。”我告诉你这些，你不是问我论说文怎么写吗？这就是要点：不时地站在对方立场，把事情询问清楚，再自己回答清楚，我相信你也办得到。眼镜的事我不等用，妈妈有时间自会去买，你不可催妈妈，或唠叨提醒妈妈。

爸　一九七五·四·二十

谈前途、谈升学、谈男孩子

爸：

接到 4 / 20 的信，心里好高兴，因为爸爸说我的画画得很好！

这个礼拜期考，礼拜天我和同学在学校读书，几个女孩子在一起，都可说得没完了，我们还跑到阳台的体育用具的储藏室内，几个人坐在软垫上天南地北，谈前途、谈升学、谈男孩子，还有那可怕的联考，又笑又闹，而天气又是忽晴忽雨，一下飘着细雨，几个同学就跑到雨中又跳又转的，好不快乐，然而书却没温，唉！世界上没有一件事是完美的！

上个礼拜包裹和眼镜已经寄出，相信现在已经收到，眼镜还合适吗？祝安康。

佳儿敬上　一九七五·四·二十五

照片上我戴着眼镜，我现已是将近三百度的大近视！

代我向妈妈致谢

佳儿：

4 / 17 信跟包裹都收到，眼镜很漂亮，正适用，肉松、鱼松特别好吃，这里无法买到，一定很贵吧。衣服太多了，如西服、西裤、衬衫等，监牢之中，根本无机会穿，这里比台北更酷热，每天只光着背，冷时才穿睡衣。又使妈妈花很多钱，我太拖累妈妈了，但盼早一天减轻妈妈的担子，代我向妈妈致谢。你的功课最挂心的是英

「山猪枷」的环境适应力极强，在绿岛环山公路旁干燥的火山岩上，硬是长出了绿油油的叶子。

文、数学，从前爸爸曾一再提醒你，因为这两门功课必须一天都不放松，才能奠定基础。英文课本上每一个生字都认识了吗？梁阿姨读北一女时便能听懂电视英文片。数学课本上每一习题都做了吗？爸爸数学很坏，却换来痛苦经验，深知毛病在于没有把课本上每一习题都去做。再来信时告知你的程度，这是最主要的。

爸　一九七五·四·二十七

过马路要左右看

佳：

4／25信跟照片，上周收到，八百元本周收到，但没有吾儿的信，一连数月，每星期都有信的。过马路时千万注意来往车辆，要左看右看，等没有车子时再走，不要低着头只顾脚前。北二女王晓民已昏迷十余年，可怕可哀。吾儿竟有三百度近视，使我痛心，但愿不要再加深，常吃鱼肝油丸，注意看书姿势。看到报上消息，联考七月十日举行，距今还有两个月，如果数学不好，要请求妈妈马上请教师从头补习，绝对来得及（这是爸爸的经验）。到学校用功，还不如就在家，同学们在一起，不可避免地要东扯西扯，浪费光阴。祝吾儿胜利。

爸　一九七五·五·十一

写信和收信
是我生命中最重要的一部分

爸：

上个礼拜没写信给您，手好痒，您不知道？我现在把写信给您和收到您的信当做我生命中的最重要的一部分！陈丽真阿姨前天晚上有打电话给我（好久没有见到她和通讯了），她在担心您，怎么那么久没有写信给她，爸！以后您就多给别人写信，不要一直写给我，—— 只要让您知道我仍爱您，仍惦念着您就够了！

鱼松好吃吗？刚买的时候还是热的呢！若您爱吃，就再寄！好不好？相信您不会嫌我啰啰嗦嗦的吧！我真的不知道该如何表达我对您的爱！

数学是我头痛的一科，倒不是成绩不好，而是老师好讨厌，厌恶之极，因此对数学丧失兴趣（以前好喜欢！），成绩也没以前好，不过，爸放心，我不会放弃它的，我要加油！加油！祝安康。

佳宝敬上　一九七五・五・十一

我五十公斤，好胖哟！

爸：

接到您 5 / 11 的信了，我是既喜又忧，喜的是爸爸说我没写信去，忧的也是爸爸说我没写信去，因为我知道了爸爸是多么地重视我，但也让爸爸担心了一阵子，非常抱歉，因为上上周模拟考，我已经被那一大堆的课本搞得昏头转向，所以没写信，不过5／11我好像也寄了一封信（日期记得不太清楚了），相信已经接到了！

大概是因为功课压力太重，再加上我偏食，身体不太好，经常头痛，或是全身无力，所以妈妈天天煮鸡汤来补！所以爸您也别担心，我啊，是愈来愈胖，和小时候简直不成比例！已经五十公斤了，好胖哟！天天跟爸嚷着要减肥，结果是越“减”越肥！

最近数学考得不怎么理想，我想我该加油了，联考数学占一百二十分，也是蛮重要的，国文二百分，不过只有八十分是课内的，其他是八十分作文、四十分阅读测验，分数很难掌握，我作文又不好，唉！“莫法多”！

只剩四十多天就联考了，心情反而极为松懈，一天到晚念书，烦死人了！有时看看电视，又觉良心难安，唉，难！难！难！祝安康。

佳宝敬上　一九七五·五·十八

你是一个使爸妈骄傲的女儿

佳：

5／11，5／18两信接到，手痒是何缘故？深恐给爸爸写信使吾儿心理负担过重，且既习以为常，偶缺一周，爸爸的心理负担也同样过重。联考之前，盼吾儿专心用功，不要再写信了，等联考之后再恢复，在此情形下，你无信来，爸爸也不担心，我也可能有事停几次写信，吾儿也不要担心。你是否有脚踏车？最好少骑，此事常使我不安。过马路一定要左看右看，最忌一面聊天一面走路。上次寄来的鱼松，里面很多骨头鱼刺，现在爸爸在此可自行申购，不要再寄了。很高兴吾儿胖起来，父母都是瘦子，你不会太胖。日夜埋头在书本中会使人发呆，看看电视，跑跑闹闹也好，相信你是一个使爸妈骄傲的女儿。

爸　一九七五·五·二十五

荡秋千是爸爸教我的

爸：

5／25的信收到了，不过我想我还是每周写封信去的好，再是忙再是没空，半个钟头我是抽得出来的，倘若说写信给您，怕我心理负担太重，那实在又太严重了！

我没有脚踏车，妈怕极了，她说人不去撞车，车都会去撞人，太不安全了，所以闹了半天，妈还是没给我买！

我天性活泼，爸您是应该知道的，不过也许是熬夜太多（已经天天如此，早已为常），脑筋有些迟钝了！有时背个英文单字或解释，转个头就忘了，天！不要考上了高中之后成了一个大呆瓜！真希望您能看到我在球场上的雄姿！那个蹦蹦跳跳的女孩，一定就是我，不过上完体育课回去，就累得半死，下节课老师在讲什么都不知道！

有时回到幼儿园，看看那“小”花园，唉！真是名符其实的“小”花园，“荡秋千”早已不在了，记得我会“荡秋千”还是您教我的呢。现在台北已经没有几个“荡秋千”了，每逢遇到了我一定跳上去荡两下，然后很骄傲地告诉同学或朋友说：“这是我爸教我的！”

我会照爸的话去做的，尤其是我们这个年龄，女孩子在一起就吱吱喳喳个没完，过街就更加的危险了！祝安康。

佳儿敬上　一九七五·五·三十一

今天是我们导师的生日，吃了好大的一块蛋糕，又增加不少“卡路里”，嘻！

多希望毕业典礼能见到您！

爸：

上个礼拜没有接到您的信，不过我知道没什么事，也不要紧的！

上个星期五、六，是第三次模拟考，为了调剂调剂，妈带了我和小舅舅、小舅妈到阳明山去玩，鸟语花香，实在是都市里听不到、看不到的，风一来，吹得全身舒畅，不像台北的风，吹到人身上，到（倒）像是一鼓（股）热风！照了不少的照片，洗好了，就给您寄去！

天渐渐热了，不知道爸爸需要些什么？眼镜还合适吧？

快毕业了，多希望毕业典礼那天能见到您，也希望考联考时有您陪着，那能增加我多少勇气、多少欢欣！祝您有着快乐的一星期！祝安康。

佳儿敬上　一九七五·六·八

荡秋千的疤痕，现在还在否？

佳儿：

5／31，6／8 信接到，5／31 的信既早写好，何以迟到 6／9 跟 6／8 的信一齐投邮？昨天端阳节，狱中每人两个粽子，还有肉可吃。提起荡秋千，有一次我去幼儿园接你，小朋友都走光了，还不见你，有人说送到市立医院去了，慌忙奔到医院急诊处，一位老师正扶你坐在手术台上，腿上已缝了好几针，原来荡秋千时被突出的铁钉割破一个大口，你竟没有哭。我入狱时疤痕仍在，现在已消除了没有？眼镜甚合适，我在 4／27 的信上已告诉过你了。看信封上，你写的是“泰顺街 44 巷 27 巷三楼”，怎么出现两个“巷”字，太粗心大意，任何文字，写过后一定要再看一遍，校正错误。考试时更要注意，不要写好试卷抢着交，交得快不代表聪明，只代表不能镇静，一定要仔细地再看一遍。爸爸很忧虑地嘱咐你，吾儿切记，不要当耳旁风。

爸　一九七五·六·十五

我照片照得不错吧！

爸：

记得我上封信说的“阳明山之游”吗？照片都洗出来了，成果并不如预期的，但是先选一张我照的，是妈妈的照相，后面远山的

每次看到吾儿长高长大的照片，都叹息不能再在爸爸身上爬来爬去了

房子是妈以前的学校 ——华冈。柯达照相机极棒，可惜就是太贵，连底片冲洗的价钱，都令人……

还有二十五天联考，我倒是不怎么紧张，反正总是要考的！

越近联考越不想念书，却迷上了《史前文明的奥秘》，看了这类的书，心中不无恐惧，因为上面记载着由考古学家、科学家所验证的古代文明，受着一种宇宙不知名生物的控制，从古迹中，发现许多现在人类仍不能办到的事，但在纪元前人类却已经做到了，看了这些书，将来真想去研究这类的东西！

昨天是端午节，家中正在整修、油漆墙壁，还有一些土木工程，因为厨房太小，在其中转都转不开身，如今，好多了，但家中一片混乱！祝安康。

我照得不错吧！

凡属纪念性的东西，贵也值得

佳儿：

信和照片接到，吾儿上信说要寄来你游阳明山的照片，一见它，不禁大吃一惊！我的女儿怎么已长得这么大，而且跟妈妈如此相像呢？看了信才知道原来是你这位摄影大师给妈妈拍的。技术还不错，但是如果其他的全都坏了，就只能说拍这一张时的运气不错。彩色照片当然贵，不过凡属纪念性的东西，贵也值得。信上吾儿漏了签名，更漏了日期，看信封邮戳是6／19，不知道有什么重大而紧急的事使你如此匆忙？将来考试时如也漏了如此重要的项目，该如何是好？又增我担心。邮票是用胶纸贴着一端贴上去的，好像在沙漠上寄出的，连糨糊都没有了。考古学和人类学是一门新学问，有无穷尽的宝藏，但英文、物理、化学必须有坚强的基础，我高兴吾儿喜欢它。

爸爸　一九七五·六·二十二

腿上疤痕犹在

爸：

接到15、22日的信，看到爸爸所叙述的，心中非常惭愧，因为我不能忠于自己的事情！腿上的疤痕仍在，只是随着年岁的增长日渐扩大，但也日渐模糊，这件事不怎么记得了，只记得割破时没有感觉，要不，我不会那么勇敢的，我的左眼左下方有颗痣，妈说那是泪痣——相信泪水异于常人！

明天是毕业典礼，好快！今日预演，坐在礼堂里，看着那些幼儿园、小学生仍唱着《好花园》和《复兴好》——毕业典礼中小学、幼儿园一起举行，不禁有些怅然，我不也是唱着这些歌过来的吗？而如今我又多会了一首——中学校歌，心里有些难过，但是我不会哭，因为我不喜欢这个学校，我还挺高兴的，我终于毕业了。转眼进入高中，再过三年，爸爸又会听到我的抱怨、我的牢骚，因为我又必须面临另一次考试。翻开以前的簿册，像楔形般的文字爬满了篇幅，而如今我却能挥洒自如，在此畅谈心中意念，太快了，爸，心中总是怪怪的，明年，进入了高中，同学都换了，我又要交新朋友，适应新环境，爸！老实说，我有点怕，怕什么？却又说不出来……您不会嫌我烦吧，说了这许多奇奇怪怪的话。祝安康。

佳儿敬上　一九七五·六·二十六

你长得很像妈妈

佳儿：

6／26信和相片收到，你长得很像妈妈，只是多了一副眼镜，想是妈妈读初中时，还没有恶补的缘故吧。每次看到吾儿长高长大的照片，都叹息再不能在爸爸身上爬来爬去了。此信到时，将在联考前夕，记住带准考证，最好把准考证、身份证（你应该有了）、钢笔、铅笔、三角板、削铅笔刀、圆规、绿油精等，装在口袋中，用一根丝带，像项链一样挂在脖子上。考试那天，要早早就去（前一天就要先去看清考场），因为千万考生同时前往，临时可能找不到出租车。小心吃坏肚子，渴了喝汽水，不要吃棒冰、冰淇淋。题目发下时，要耐心而仔细地看清楚了再做，做完后要再耐心而仔细地看一遍，不要抢着交卷。爸爸不能陪你去考，但爸爸的心回绕在吾儿身上，你要一切自己注意，立志去迎接新的挑战。考完告诉爸爸考得满意不满意。

爸爸　一九七五·七·六

（邮资涨了一倍，限时信要五元，以后寄平信吧。）

寄上毕业照片

爸：

今天是星期五，下个礼拜的今天我已经考完了！最近几天血气伏涌，心情格外紧张，想到北一女，心就怦！怦！乱跳！

老师都说最后的冲刺是最重要的，三上开学的第一天，老师就讲了一句话——行百里半九十，来勉励我们。可是我越到紧要关头，却越提不起劲来！

天气酷热，白天的太阳真恨不得能吞噬人类，现在仍要上课，实在是热得很，虽然学校也有电风扇，但是却声音大，风力小！

奇怪！今天写信，笔老是拿不稳，字也写的不整齐！附上一张照片，是毕业后在孙中山纪念馆照的，孙中山纪念馆好大，又好漂亮，可惜没有照全景！照得脸肿肿的，大概前夜没睡好——兴奋过度！

佳　一九七五·七·五

可怜天下父母心

爸：

终于考完了（第一句话，我想这句最适合），三年的苦读，这么一考，就都成了过眼烟云！三年，换得了一个完完全全的暑假（平常的此时已在补习），我想爸爸一定急着知道我考得怎样，我不想说我考得很好，况且正确答案尚未公布，也不知道到底考得怎样？

不过还是想得坏一点，那样，俏（倘）若考上“北一大（女）”还可惊喜一番，若没考上“北一大（女）”，也不会过分失望！

“联考”，妈比我还紧张，可怜天下父母心，将来这一切的一切不知如何才能报答？这两天星舅舅得了流行性感冒，更是退避三舍，不敢和我讲话，就怕把我给传染了！

一个月才四个礼拜，若都寄限时信，才二十元，一个月二十元，再加上能早点接到信，我想还是划得来，否则为了省三元，害得两地着急，才划不来呢。您说对吗？祝安康。

佳儿敬上　一九七五・七・十二

7／25公布成绩，快了，别太替我着急！

今天上午跑到动物园去玩（不知为何，忽然对大自然的美充满了兴趣），照了许多相！

今日公婆来北市玩。

人是奇怪的动物

爸：

人真是奇怪的动物！放假前（即联考前）拼命地幻想着考后的欢乐、考后的计划，但是如今放了假，却整天没事做，虽然想看点书充实自己，却提不起劲来，一想到书，就想到那些可怕的教科书，上面密密麻麻的字，和红、黄、蓝、绿各色笔画的重点，不禁使我寒战！

考前（星期三晚上）接到您的来信，真是给我打了一针强心剂，不过考前我却出奇地平静，居然一点儿也不紧张，睡得比谁都熟，早上七点才起来（原来“预计”自己一定是紧张万状，彻夜不能成眠，然而……），进了考场（打预备铃即进场），老师凶得很——考场在北二女（中山女中），希望将来别上这个学校，考卷发下来后不可动，那时我不免有些紧张，我就伏在桌上深呼吸，使自己平静，再加上心想：我怎能使爸爸失望呢？心中那七上八下的吊桶才静止！

一切的一切都过去了，三年的辛劳就凭借着发榜了，唉！何苦来栽（哉）？

佳儿敬上　一九七五・七・十四

对了一下联考的标准答案，约为六百分上下（不会太准确）。

想起这件事就心惊肉跳

爸爸：

好几天没有写字了，今日拿起笔来都有些生硬！

前几天到眼镜公司配眼镜，验光之后使我吓了一跳，一只眼三七五度，一只眼三二五度，因为不平衡，所以两眼都配三五〇的度数，因为太深了，这次配的是隐形眼镜（软性）。

今天是 22 号，25 号就发榜，每当想起这件事就心惊肉跳，不过学校说可能 24 号就知道了，我那天还得回学校看看！心情异常紧张，三年的辛劳，在此一举。

昨天回母校“观光”，几乎每位老师看到我都要问一声，不过

长子城城，在台湾出生，再次为人父，柏杨喜不自胜。

老师们预测五百六十、五百七十分就可上北一女了，有些老师则主张五百八十分，男生的录取分数历届都比女生高，所以他们说可能六百分才能上建中（因为这次联考的题目比较简单，所以分数也普遍提高），当您接到这封信时，可能已过 25 号，接到了成绩单我就写信告诉您。天啊！这两天不知如何过！

祝安康。

佳儿敬上　一九七五・七・二十二

去动物园玩的照片，已经洗出，但是大都是动物，人像只有三张！保重身体！

天啊！我考上了北一女

爸：

今天是 25 号，我想告诉您一个消息，我考上北一女了，天啊！我好高兴，爸，我这一天都沉浸在欢乐中，师长的道贺，同学的祝贺，电话几乎没有停过，心中那欢欣的余波一直无法静止，三年的苦读（尤其是初三），我终于得到报酬了！四万人的竞争，北一女只录取一千余人，我想，我该满足了！

前几天不停地拉肚子了，一瓶药都吃光了仍然无法遏止（制）——太紧张了，发榜比考试还令人窒息！

明天才能拿到成绩单，分数还不知道，但我实在无法按捺下我兴奋的心情，明天拿到成绩单再告诉您！祝安康。

佳儿敬上　一九七五・七・二十五

妈妈异常得意，她整个办公室的人都知道，她有个女儿考上北一女！

爸，尽快来信，免我牵挂

爸：

最后一次接到来信是七月六日，距今已有三个礼拜，只字未见，连去两封信亦如石沉大海，毫无回音，心中甚为挂念！

离开爸爸已将近七个年头了，从未听您提过您的身体如何，只有最近才告知牙齿不好，其他我这个做女儿的却一无所知！

暑假从七月十日开始，已整整地放了二十一天，这二十一天过得恍恍忽忽（惚惚），在家没事，荡着荡着又是一天，唉！人真是奇怪的动物，我现在好想上学！星期一玩了一天，星期二更是充实，但也因溜冰之故，脚上磨破了不少！希望您能尽快来信，以免我心中的牵挂！祝安康。

佳儿敬上　一九七五・七・三十一

联考总分七百，国文二百，英文一百，数学一百二十，社会科、自然科各一百四十，而我国文一百八十三、英文九十九、数学九十七、社会科一百二十九、自然科一百一十五，总分六百二十三。

我儿考取北一女，爸爸流泪

佳儿：

接7／25信，一块石头落了地，这些时我十分不宁，报上登最低分数，我看成最高分数，认为吾儿绝无问题，别人告诉我错误，又加上喻美华案件，使我转为担忧，五百三十四分只能分景美女中，吾儿说可能在六百分上下，顶多分到老师甚凶的北二女。现在好了，这是我入狱以来唯一最高兴的事，年纪老了，太高兴时会流泪，爸爸也流了泪。从前看到别人喋喋不休谈儿女考试如何如何好，丑态可哂，现在爸爸也露了不少丑态，忍不住夸耀，事实上四万人取一千人，太不容易，我已答应下星期请客，答谢记得“佳佳”很清楚的一些伯伯、叔叔。

爸爸　一九七五·八·二

心中有说不出的感想

爸：

今天是八月二日，时间的匆匆使我很迷惘，对于未来的前途、未来的命运，我似乎胆怯了、却步了，想想再过三年的现在似乎又在为另一道门奋斗！担心！恐惧！考上了北一女，我的锐气反而消减了，我的豪情壮志也被一连串的问号掩盖了。我已经没有了考上北一女的那股兴奋、那股傲气，我开始想，担心那一连串的竞争、无休止的竞争！

玩了一天回来，心中不无感慨与说不出的感想，听听音乐，但是今日心中越听越乱，我想很多话不是说的，而该用写的，我想到了您……下个星期五是父亲节——八月八日，

祝您

愉快！健康！

佳儿敬上　一九七五・八・二

人生要不断接受挑战

佳儿：

8／2信及八百元接到，在此之前还接到7／12，7／14，7／15，7／22四信，但7／31信未见，大概是邮局遗失了吧。让爸爸先告诉你请客的名贵菜单，计：鳗鱼罐头二，24元；肉酱罐头二，42元；鸡肉罐头一，21元；水果糖三，45元；薄荷糖二，30元；可口哈士一，20元；花生二，20元，共二百零二元；分给四个囚房十一个囚犯伯伯吃，可谓豪华大宴。爸爸节的卡片也接到，我很高兴吾儿孝心。看我儿信，你似乎很厌倦紧张生活了，这是一场大冲刺下来必然有的心情，过些时就会恢复正常。人生就是不断地要克服挑战，闯过一波又是一波，固然辛苦，也着实充满兴奋和激励。暑假期间，可常找同学玩玩（男女同学均可），但不要到河流中（如碧潭）游泳。

爸爸　一九七五・八・九

爸爸现在直立如旗杆

佳：

8／2，8／9寄的信接到了吗？吾儿7／31的信最近才来，可能是限时信搭飞机，平信搭船，遇到台风过境，就耽误了。你英文考九十九，只差一分，爸爸最满意，数学也不错，这两门是爸爸最头痛的功课，所以到老一事无成。吾儿要特别努力英文，可跟妈妈多练习会话，妈妈数学不行，只好任你自修了。暑假如不去玩，应该帮助妈妈做些事情，不要惹妈妈生气。听说北一女第二学期就分“文”“理”两组，我希望你到理组，但也看志趣，不要勉强。郑绍颖考取了没有？还有狗先生大伟，仍然在吧？爸爸的牙齿全是敦化南路那个该死的女牙医师害的，镶的牙不久就掉了。但身体甚棒，百病不生，记得爸爸有点驼背吧，现在直立如旗杆。

爸爸　一九七五·八·二十三

新！新！新！新的刺激！

爸爸：

接到八月二十三日的信，不过我只收到八月二日的信而没有收到八月九日的，不过接到爸爸的信，看爸爸信中洋溢着那股高兴的劲，心中非常高兴，总算，这一年是没有白努力了。

今天是八月二十九日，是北一女新生训练的日子，于是我穿了

柏杨三代同堂，右长子城城、长媳刘丽凤及孙儿中中，左次子垣垣。

那还没有绣学号的制服，带着几分骄傲、带着几分高兴就去了，这是艰苦的一天，每个老师都轮番上阵的训话，现在是秋老虎天气，又闷又热，在大礼堂里，塞了将近二千人的学生（包括日、夜、补生），那种难受的滋味，真令人无法想象！快开学了，九月一日注册，九月四日开学，新的生活、新的环境给人一种新鲜感，但也有些恐惧。一切都要重新开始，要交新朋友，新老师、新的制度、新的规定，一切都是新的，新！新！新！新的�（刺）激！

祝身体健康！

佳儿敬上　一九七五·八·二十九

隐形眼镜会不会伤眼球？

佳儿：

这星期以为一定会接到吾儿的信，竟然没有，半月来我的左眼不停地跳（寄此信时仍在跳），使爸爸十分担忧，报上登着，入夏以来，碧潭已有数人溺毙，每看到这种新闻，都感到一震。溜冰很好，千万不可游泳。溜冰场仍在爸爸妈妈从前带你去学的那个老地方吗（记不起它的名字了）？一定很贵。对数学千万不能讨厌，它是自然科学的轮子，一抛弃它再也走不动了。吾儿既不能摆脱它，为什么不试着去喜欢它呢？隐形眼镜会不会伤害眼球？我以为可能有关系，戴正式眼镜，一样漂亮。

爸爸　一九七五·八·三十

附：给爸爸寄四叠稿纸来。

佳佳发明新字

佳儿：

8／29信接到，现在已经上课了罢，真是一切都是新的，只有无限的虚心才能接受新的东西，一旦自己感觉到了不起，就糟了，就什么都学不会了。等制服上的学号绣好，给爸爸寄一张全副武装的照片来。前数信上你说要寄的照片，像动物园拍摄的，如有，也要寄来。注意一点，凡是许诺送人的东西，一定要办到，如果发生困难，一定要说明原因，不可含糊了事，对爸爸也是这样，否则爸爸一直念念不忘，盼吾儿养成这个习惯（来信把刺激写为涮激，“涮”是伟大的佳佳发明的新字）。

爸爸　一九七五·九·六

圆山冰宫是以前爸妈带我去的地方

爸：

接到8／30的信了，上个礼拜写去的信，不知接到了没有？

现在已经开学了，这个暑假只游了一次泳，所以您别担心，没有什么问题的！穿上绿制服的我，神气多了，而北一女又比复兴大得多、老得多，但是对我来说，这一切都是新奇的，包括老师和同学。九月四日开学，才三天的相处，我连班上的人的面孔都无法记清。我又和郑绍颖分成（在）一班，实在是太有缘了！

这个暑假玩得好过隐（瘾），我去的是圆山冰宫，相信那就是以前爸、妈带我去的溜冰场！不过以后可能没有这种机会了，上了高中，一切靠自己，也没有像初中一般那么好的老师——以前我初中的导师对我非常好，时常鼓励我、奖励我，没带早饭或午饭，她也帮我出校门去买，所以考上北一女，她的功劳亦不下（亚）于妈妈！我们班的导师，开学后只见过两面，一次是开学典礼，一次是生物课（她教生物），唉！确实不同凡响！

北一女有忠、孝、仁、爱、信、义、和、平、公、诚、勤、毅、温、良、恭、俭、让、礼、乐、射、御、书、数、真、善、美的分法，我是在“勤”班，“公、诚、勤、毅”是北一女校训！稿纸已买（五叠），明日上街再买些吃的，给您一起寄去！祝安康。

佳儿敬上　一九七五·九·六

制服上已绣上校名

爸：

接到九月六日的信！前天（九月十日）寄去了两个包裹，里面有红牛奶粉一包、巧克力夹心酥一包、煎饼二包、金鸡饼干一包、肉松一包、稿纸五叠。中秋节快到了，这些吃的也可衬衬景，知道爸爸爱吃甜的，所以这些吃的相信会对您的味（胃）口！

开学已经将近二周了，功课并不轻松，尤其是英文，其中的生字几乎全部自己查字典，老师只讲解课文的文句结构或词类变化，如今制服已绣上学校名称，可能明后天去照像（相），动物园的照片本是可以立即送给您的，但是被同学“抢”去，所以加洗后才能寄去！

前天小周末（北一女星期三只上半天课），回母校去看老师，风光极了！我现在又当了服务股长，最忙了，管理全班一切大小事务，很累人，但忙得却很高兴！祝安康。

佳儿敬上　一九七五·九·十二

最好戴传统的眼镜

佳佳：

9／6信接到，稿纸四叠足够我用了，不要多寄。吃的东西如果还没有买，只买一罐芝麻酱、一包日本干咸菜（名“盐吹昆布”）即可，不要买别的，如果已买别的了，这两样就作罢，不要再买了。北一女开学，郑绍颖也考上，甚好！还有一位父亲去世的那位同学，也考上了吗？我常挂念这位无父的孤女。感谢恩师，证明吾儿有高贵的心灵，但为什么有没带早饭、午饭的事呢？以后应常去探望她。圆山冰宫，对了！正是爸妈带你去学溜冰的地方，还有一位周姐姐陪你，也曾带你去北投公园，你用四轮鞋溜个没完。报上果然说隐形眼镜有害处，眼睛是人身上最尊贵最高级的细胞，死一个便少一个，不能新陈代谢，不能补充，最好取下来，换传统形式眼镜，切记。吾儿生日快到了，爸爸只在第一年接过你过生日的照片，以后就没有了。

爸爸　一九七五·九·十三

我儿真棒！

佳儿：

今天是监狱写信日，恰恰又是中秋节，炎热如火，感冒肆威。吾儿寄的食物和 9 / 12 的信，都收到了，这是爸爸入狱以来最丰富最快乐的一个节日，难得吾儿还记起爸爸喜欢甜食。芝麻酱、日本干咸菜不要再买了，切嘱。记得吾儿有一副羽毛球拍，你大概只打过一两次，不知还在不在。如果还在，请给爸爸寄来（不必寄球，我这里有），如已不在，就作罢。你当选了服务股长，赫！我们的佳佳真棒。但英文生字有眼不识泰山，可不管你是不是服务股长？不认识就是不认识，你一定要一个字一个字地弄清楚，放松一个字，等于楼梯上少了一个台阶，放松得太多，吾儿就永远攀登不上去了。吾儿生日过去了，告诉我怎么过法？

爸爸祝福　一九七五・九・二十

盼儿开始写日记

佳儿：

中秋节刚过，贝蒂台风就立刻光临，我本来有点感冒，经过风吹雨打，感冒更重，到今天才算爬起来写信。这次台风正穿过绿岛，雨特别大，窗挡不住，记得我们住建国南路时，地势下凹，每次台风，屋里的水都跟床齐，妈妈都要大吵大闹，只吾儿欢喜，光脚丫

次子垣垣，两三岁时，父母即离异，成长期间，父亲未能陪伴在身边。

上图为2005年，垣垣和父亲柏杨的合影。下图为青年时代，垣垣和哥哥城城的合影。

在脏水中跑来跑去，捉也捉不住，大概你现在也很讨厌台风了。爸爸入狱的第一年，妈妈还寄来你那一年过生日的照片，以后便不再提，我希望你今年生日过得快乐，像爸爸往昔在家时一样。你已是高中生了，盼吾儿开始写日记，一则它可使你的生命充实，使你回顾时可以看到历历的台阶。二则它可训练你运用文字的能力，和抓住要领的思考力。

爸爸　一九七五·九·二十七

我喜欢别人看重我

爸：

今年的生日是和星舅舅一起过的。记得小时候过生日还照像（相）、录音，隆重之极，但是自从爸爸离开后，生日就只是吃蛋糕的日子了！但是因为难得和星舅舅同天生日，所以9／17还上馆子吃饭。

功课恢复了正常，很紧所以很忙，一天到晚都在查英文单字、背英文…… 今年国庆有阅兵、排字——排字由我们学校（北一女）和中山女中（以前称为北二女）负责，因此月考提前于十月一日考（即下个星期），考完后就陷入紧张状态（要排字）。

当了服务股长，可真不是好差事，忙得要命，像个小工友，一天到晚不是扫地就是擦窗户，忙得很累，却很充实，我很喜欢别人能看重我——也许是缺点，也许是优点。所以我就拼命地做，使别人看重我。考完了月考就给您寄副球拍去，运动运动对您是好事。祝安康。

佳儿敬上　一九七五・九・二十七

——明天教师节，恰为星期日，所以星期一补假。寄上“全副武装”照片一张，甚丑，头发太短显得头小身大，希望爸会喜欢！

过生日，一年不如一年

爸：

接到九月二十七日的信了，前封信中我已经提过生日的事，相信爸还没接到，现在过生日是一年不如一年了，穿个睡衣，蛋糕还没吃，就得回房做功课，匆促得很！

爸爸的感冒现在如何了？有没有看医生？吃药？打针？生病就不要勉强自己起来写信，这样我会难过的！窗挡不住（风）有没有造成什么损失？台风来，连妈妈在内都很高兴，不过这次的台风只有学生“放假”一天，没有妈妈的份！可是那天放假（星期一）去迎接巴拉圭总统了，大风大雨，身上的衣服、长裤都湿得贴到身上了！

曾经数度立志写日记，但总是写了一两天就不再写，况且有时妈妈积（基）于“好奇心”和“关切”会看我的日记，所以虽然买了一本精美的日记本，却也只写了几页，就废弃不用了！祝身体健康。

佳儿敬上　一九七五・十・二

兴奋得说不出话来

爸：

今日是双十国庆大典，心中的那股兴奋不知如何形容，因为我们学校要“排字”，所以我可以当场看到国庆实况，今年有阅兵，那更是令人瞩目，我从六点半到十二点（中间九点左右曾让我们活动活动）都坐在那又硬又粗的木头上，又不能动，更别说站起来舒活一下！头顶上的大太阳却也不体恤我们，晒得是如同烤“鸭”一般，这个礼拜从星期一起就没有上课，都练习排字，非常辛苦，但是今天看到三军那床（壮）大的军容、威武的精神、壮硕的体魄，使得我全身兴奋得说不出话来，仪队、踢正步、武器（全为自制）、飞机分列式（可惜我没有看到）……等等，简直是太棒了！

现在是下午三点半，很疲倦，却也兴奋！昨天已把羽毛球拍寄去，还有钱，收到之后，请告知您羽毛球打得如何？祝安康。

佳儿敬上　一九七五・十・十

屁股坐得又酸又疼

爸爸：

国庆的欢欣尚未终了，紧接着又是台湾区运动会（包括台北市），昨天开幕典礼，我们学校又去排子（字）了，上个礼拜又没有上课，整天的练习排字，屁股坐得又酸又疼，天气又是阴雨绵绵、阴晴不定（譬如昨天的开幕典礼，本来是阴沉的天气，忽然又出了太阳），非常难受，每天排字回家，都是倒头就睡。今天早上也去排字了，下午放假在家休息，明天上课——终于，我好久都没有碰书本了！（不过我们还要排一次闭幕典礼。）

天气不好，人也跟着不太舒服，您要保重身体，（大概是淋了雨——排字时不准打伞，只可戴雨帽，声音有点沙哑，希望不要感冒！）祝安康。

佳儿敬上　一九七五·十·二十

不知爸爸有没有从报上看到我们排的字幕？极为壮观！

独立性格不要被抹煞

佳：

9／27，10／2，10／10，10／20四封信都接到了，十月里，爸爸害了一场长期感冒，以头痛和咳嗽为主，后来又努力拉了一阵肚子，大概吃得太多之故。照片收到，凶巴巴，好像打架前夕。羽毛球拍也收到，每天早上无风时可打一二十分钟，现在尚停留在"捡球"阶段，还没有晋级到"打球"，不过同样出汗，所以吃得很多，最初买了一副球拍，第一天就断了，寄来的好像新购，价格多少？吾儿很喜欢受人看重，这是每个人都期望的，不容易得到，但太过于重视别人对自己的看法，却可能发生一种现象，那就是势必拼命为了取悦别人（往往是不相干的人）而去做事，自己的独立性格便被抹煞，只不过为了一声赞扬。吾儿，记住这个危险。"字

由于种种原因，所有孩子和柏杨疏远，佳佳成了柏杨唯一的亲情慰藉。在佳佳身上，柏杨看到了另外两个女儿和两个儿子的身影。于是把对所有孩子的爱，全部倾注到了佳佳身上。

2000年，柏杨八十寿辰，远嫁澳洲的佳佳携女儿艾迺美回台贺寿。柏杨入狱时，佳佳八岁，与艾迺美年龄相仿。图为柏杨、张香华、艾迺美、佳佳合影。

幕表演证”也收到，看到人海中有我的女儿，大为兴奋，但愿不要得病，假如感冒，只有多睡觉，多喝开水、多吃水果，不要心急。

爸　一九七五·十一·一

唉！这个世界做人真难

爸：

难怪许久没有收到来信，心想也许是写信给别人了，原来您是生病了！现在病情如何？还有没有头痛、咳嗽？我最讨厌感冒了，虽不是什么致命的大病，生起病来却令人头痛！肚子还拉不拉？您一定瘦了许多，因为拉肚子最损耗精气神了！要多睡！多喝！多吃！——这是您对我说的，但您自己也要注意！

家中原来有副旧球拍，但却破烂不堪，大概跟您买的第一副一样，像个枯木枝似的，一拍就断了，反正也该买新的了，不贵，才三四十元（确实价钱记不得了），今天寄去八百元，正可买些好东西吃，补补身体！

爸爸说得对，有时我也觉得我像个戴了假面具的人，撕下来才是真正的自我，可是为了适应它，我不得不再戴上面具，去适应我不想适应的，去附和我不想附和的，去做不想去做的，唉！这个世界做人真难，真难啊！照片照得好恐怖，因为头发被剪得太短，其实我是很……祝安康。

佳儿敬上　一九七五·十一·七

12 月 12 日北一女校庆，有运动会，我参加了二百公尺个人、跳高及大队接力，虽然还早，但已经开始练习！

10（11）月10日、11日月考，故最近勤加用功！

可不可以寄维他命等补药？若能，即寄去。肉松要否？

佳儿又及

叮咛再叮咛

佳儿：

11／7信和附的小卡片收到。你说十月十日月考，十月十日已过去了，十一月十日也过去了，是不是十二月十日之误？爸爸叮咛你多少遍？要细心，写毕后不要像火烧了尾巴似的把笔一扔，就算大功告成。吾儿参加运动会甚好，盼望二百公尺能挂名，跳高要小心，学校如果仍用的是沙坑，就得更小心。肉松不要寄，既贵，爸爸也不太爱吃，上次寄来的现在还有。爸爸劝吾儿写日记，你振振有辞地一下子拒绝，人们总以为必须记一些不可告人的事才算真日记，其实不然，记下日常生活和可以告人的感想（像你跑了第一，就可大大地写下你的高兴），日记的目的是用它为自己的脚步留下痕迹，并且锻炼自己的文字表达能力和观察能力，不要把它看得那么浪漫神秘。

爸爸　一九七五·十一·十五

报告运动会实况

爸：

接到十一月十五日的来信，近日来，因为运动会的关系，甚忙，参加跳高比赛，腿扭伤了（情况还好，只是已经两个礼拜了，走起路来仍像没有上油的生锈机器），二百公尺跑得气人，因为二百公尺是取名次（一组六名取前两名）不取成绩，而跟我一起跑的是校队，人高马大的，跑得非常快，更别说是跟她比赛了（校队的同学，都是体育保送进来的）！

我每次立志写日记，总是一两天的热度，以后就消失了，家中还放了一本初三时买的日记本，翻开日期，都可以说是古董了！不过我可以试试。

校运的另一精彩项目——大队接力，已经进行了三分之一，一年级总共二十二班，预赛取十二名，复赛取六名，决赛取前三名。预赛那天是星期日，气温骤然下降，冷得要命，而在北一女却正是加油声震天，热闹异常，而我们班领先群“雌”进入复赛，但是成绩并不理想，是十二名中的第八、九名，要进入决赛，还得下一番功夫！

气温突然下降，不知需要一些御冬衣物、或食品？祝安康。

佳儿敬上　一九七五·十一·二十五

隐形眼镜会伤眼

佳：

只有两个星期未接到吾儿的信，但已觉得似乎很久，爸爸上信把你 11／7 的信误写为 11／17，也是粗心所致，看出来了吗？考试和运动会的成绩如何？我一直担心隐形眼镜会磨损眼球，一想起来就感不安，你信上却未提及。以后写信时应把去信（无论是爸爸的或是任何人的）放在一旁参考，就不致遗漏了。你们学校何日放寒假？下学期何日开学？以及吾儿家里的电话号码，再写信时，一一告知，下学期北一女要分组了，你拿定了主意没有？爸爸将申请补牙，希望以后能吃得更多。

爸爸　一九七五·十一·二十九·九九

（编者按：此时，柏杨已知出狱日期，故在信末日期之下，暗注尚有多少天可出狱，此为之“九九”即九十九天后可重获自由，以下同。）

接力赛，我是最后一棒

爸：

11／15 的信中提到 11／17 的信，我就是没有看懂，所以上封信中没有回答，收到 11／29 的信才知道是您把 11／7 写成 11／17（今日收到 11／29 的信）。考试的成绩不尽理想，数学、国

今之绿岛灯塔

文、英文都有进有退，运动会的压轴好戏是在校庆之时（12 月 12 日），此次为北一女 30 周年校庆，虽说是扩大举行，但我看也没什么，只是有些是以前没有见过的，譬如仪队、乐队、大会操表演（而大会操是由全部一年级，每班选出二十名，我就是其中之一），还有分列式（全班都有，包括日夜间部，每班选出三十四名，而我虽然个子不算太高，却也当上了“护旗”），所以最近天天练习大会操、分列式及大队接力，我班大队接力已进入决赛，由双班淘汰剩下六班，于校庆时举行决赛，而我是最后一棒（三二〇〇公尺接力，一人跑一〇〇公尺）。

我配的隐形眼镜是软性的，相信不会有什么不良影响（软软的，好似塑料片）。这次放寒假可能要延后十日（因为“排字”的关系，所以功课的进度赶不上），可是确实的日期还不知道。下学期的开学日也没有公布。家里的电话号码是：3214975，有七个字。

分组好像是到三年级才分，而我还没有拿定主意，如果读文组，我却很讨厌背书，如果读理组，数学却不好，再加上选组还要看将来的前途如何，所以无法拿定主意。

您要补牙，身上的钱是否够用？如果不够，下次写信来时，顺便告知，如能补牙，不知补得好不好？

今日已寄去八百元。

佳儿敬上　一九七五・十二・六

今日自己去量身高，有一六〇公分，体重四八公斤（可能多些），星期一是妈妈的生日！

希望你改学打乒乓

佳儿：

我已申请治牙，共有九个牙要镶补（吾儿小学一年级时，爸爸在敦化南路一个女医师那里镶补的，她的招牌很大，手术却赶不上招牌，入狱后第二年就先后脱落，无法咀嚼），听说一个牙要三百元左右，比在台北便宜得多，吾儿可打电话给牙医师（在电话簿上找任何一位），问问价钱？如果也是三百元左右，我就等回台北之后再镶补，如果确实便宜，请寄二千四百元给我。这事你要禀告妈妈，在我的赡养费中扣除，不要着急寄，迟些日子也没有关系，先来信告诉我一声，衣服千万不要寄，我还要把衣服寄回台北呢。跳高伤腿，现在还不觉得，等年老时，伤害会伸手讨账，那就是旧疾复发。听爸爸的话，退出跳高，只跑跑田径赛好了，你为什么不学习打乒乓球？我希望你赶快改行。

爸　一九七五・十二・十三・八五

夸你聪明，是诱人松懈的毒药

佳儿：

我上星期六（12 / 3）的信接到了吗？这星期被批准看牙，见了牙医官，我已打消了治牙的主意，等回到台北再镶吧，所嘱寄的钱就不要寄了。我 11 / 29 的信接到没有？戴隐形眼镜有无不舒适的感觉？如果有的话就要立刻取下来，不要自己误了自己。腿伤如何？你应改打桌球或参加平衡操，来信时告诉我你的意见。英文、数学的了解程度怎么样？爸爸甚为担心，假设有人（无论是谁）赞扬你聪明能干，不用功就可以考得高分，切切不要相信，要认为那是一种诱人松懈的毒药，凡事都靠自己辛辛苦苦的努力，从无一个例外。

爸爸　一九七五·十二·二十·七八

不会被高帽子戴昏了头

爸：

十三日及十一月二十九日的信都已收到，而且都早已回信了（记得二十九日的回信还写了电话号码及隐形眼镜的事，而十三日告诉您校庆的经过，二十日已经寄去一信，连同二千四百元），不知您都收到了没？（其间共有三封信。）二千四百元已于二十日寄出，还有一张圣诞卡，相信应该收到了，为什么不补牙了呢？如果是价钱，那不应列为问题，请来信告知，不过钱已寄去，您可自己权衡一下，不过最好还是镶牙（牙齿不好最痛苦了），不镶的话，钱留着用，可买冬日进补的食物！

数学最令我头大了，尤其是这个阶段的数学（函数），非做过的题目，拿到就不会做，所以现在天天做数学参考书，英文我比较喜欢，只是时间不容许，否则英文分数可能会较高些！我才不会被别人的高帽子戴昏了头，“真正”聪明的人，是不会吃亏上当的。（现在同学在一起，钩心斗角，就常有如此同学，唉，其居心也……）祝安康。

佳儿敬上　一九七五·十二·二十五

胡适先生曾说：“要怎么收获？先怎么栽。”

代向妈妈致迟来的祝福

佳儿：

二千四百元收到，爸爸非常感动，到底是父女之情，请代向妈妈致谢。我上周六（12／20）的信大概吾儿尚未见到，牙医官对我的大量坏牙束手无策，而我对拔去大牙也很恐慌，那样的话，吃饭就无望了，所以仍维持现状吧。寄来的钱别无他用，以后不要再寄了，切记切记。12／8（阴历11／6）是妈妈生日，生日宴热闹吗？代爸爸致迟来的祝福。吾儿身高和体重配合得正好，我找一位身高一六〇公分的小弟弟比了比，已到爸爸鼻梁，跟妈妈一样高了，有没有人说你们很像，咱们郭家的人都是高个子的。

爸爸　一九七五·十二·二十七·七一

好个四眼田鸡

爸：

不知二十五号的信收到了没？圣诞节快乐！第三次月考不尽理想，心情也不好，雨又下得勤，很烦人！

辩论会得胜，可喜！吾儿言语清晰，条理分明（跟老爸爸一样，哈哈），五六岁时，抢着接电话，讲得头头是道，没有一个伯伯阿姨不夸奖，言语有条理，就是思想有条理，言语纠缠的人，脑筋准是一盆糨糊。

要换领新的国民身份证，所以去拍了照片，是穿制服去拍的，比开学那张拍得好看多了，今早才拿回来的（又加洗了一打），现在就附在信中，您要快点回信，告诉我照得如何！

眼睛的度数愈来愈深了，不戴眼镜走起路来都昏昏的，好个四眼田鸡，不知您的度数如何，是近视、远视，还是老花？祝您健康快乐！

佳儿敬上　一九七五·十二·二十八

客气得令人觉得生疏

爸：

接到十三日的信，巧得很，我十三日也寄出一封！不知您接到了没，我对乒乓球没兴趣，大概是打得不好的缘故吧，每次打（其实也很少打，没事时才跟同学玩玩），都嫌桌子太小，总是打不到桌子，像打羽毛球似的，高来高去，没有准头，不过随着运动会的过去，我也“改行”打篮球了，买了个篮球，在家没事就到附近师大的篮球场打，以消耗过多的精力！

补牙的事跟妈妈讲了，妈妈说：“这钱不干（牵）涉到别的钱，应该的。”相信您懂得妈妈的意思，您每次写信来告诉我您需要什么，总是那么客气，客气得令人觉得生疏，倘若您觉得这些钱是向妈妈借贷的，您大可吩咐我去做，如果要还，将来我这个做女儿的会替父亲担负这个责任的，这是我的义务。钱已于今日寄出，不日将可收到，您补完了牙，也可告诉我效果如何？让我也高兴高兴。寒流来袭，冷死我了，但最近又比较暖和了，我现在是既鼻塞又咳嗽，您要小心，不要再感冒了（我也差不多快好了，不是什么大毛病）。

大后天月考，分量很重，读得我头昏脑涨，考完马上就是圣诞节，祝您圣诞快乐。

佳儿敬上　一九七五·十二·三十

附上圣诞卡一张，并祝您愉快。

留下时间给英文数学

佳儿：

12 / 20 信跟贺年卡一同接到，但 12 / 13 的信没有接到，大概在邮局遗失了。一年终于过去，去年（一九七五）一年，吾儿写给爸爸的信，超过以前七年的总和，这说明吾儿已经长大，而今年（一九七六）更大。我把所有的信件装订在一起，竟然厚厚的两巨册。牙已决定不镶，这是我保卫我那颗大牙的唯一办法，爸爸每次嘱吾儿买东西，语气不太肯定，只是恐怕吾儿办不到时心情负担太重。月考的成绩如何？吾儿数学不好是爸爸最大的隐忧，这是当初没有把习题一一都做的缘故，现在还来得及，是不是需要跟妈妈商量，请一位家庭教师？你下学期不要再干服务股长了，留下时间给英文数学。

爸爸　一九七六·一·三·六四

怕您太苛待自己

爸：

接到您12／17，1／3的信，寄去的钱是否和往常的一样可存起用？对您的一切都甚为放心，就是担心您的起居、牙齿，家中每次添了一件衣服，都会想到您，怕您太苛待自己，又怕您冻了，不知还有没有余钱？您一定要答复我这个问题。

12／8妈生日，过得平淡，渐渐的，大家对这些都不太重视了，只买了一个小蛋糕和星舅舅、星舅妈四人共度。我和妈妈比了比，足足比妈妈高半个头呢，每次出去，别人都以为我们是姐妹，妈妈都乐不可支，究竟，青春是女人生命中最重的一环。看到爸爸写：咱们郭家的人……心里倍觉亲切，还看了好几遍呢！这次月考，数学仍是不好，不过我已打算出去补习（免费，故称为视“试”听），也把时间多花在数学上，希望成绩能够好转。

我想寄给您一本日记本，是我去年买的，但是没有恒心，只记了两页，就没记了，不知您喜不喜欢？二十五、二十九的信接到了没？二十九号的信中还附有照片一张呢！今日班上开辩论会，也有我的份，最后老师评语，还特别夸赞我呢（题目是“女权运动”，我是反方，最后得胜）！下学期不当服务股长了，却当上了风纪股长！祝安康。

佳儿敬上　一九七六·一·九

照片中，你站在膝前，爸妈坐在石凳上

佳儿：

12 / 25，12 / 28，1 / 9三信先后收到，身份证照片果然比上次文明得多了，爸爸买有一本小贴像簿，里面最早的一张，是爸爸入狱前携吾儿在高雄大贝湖照的，而爸爸入狱后，由妈妈寄来的那一张，爸爸妈妈坐在石凳上，你站在膝前，还是小学二年级娃娃哩。我的牙仍有希望，长官说：下月将有两位高级医官莅临，一位是牙医，可以镶牙，到时我会申请的，不镶牙连菜都不能吃（逢到加菜吃肉就更急死人），如果镶的话，钱就不够了，因我已花了些。你们放寒假日期，从报上已经知道，1 / 27，到2 / 22，假期中，除了功课，要陪陪妈，帮妈妈做事，下星期六（1 / 31），因是阴历正月初一，监狱不准通讯。吾儿还放纸炮吗？离家那一年给你买了很多纸炮，小的你还敢放，大的仍是妈妈放了的。辩论会得胜，可喜！吾儿言语清晰，条理分明（跟老爸爸一样，哈哈），五六岁时，抢着接电话，讲得头头是道，没有一个伯伯阿姨不夸奖，言语有条理，就是思想有条理，言语纠缠的人，脑筋准是一盆糨糊。

爸爸　一九七六·一·二十四·四三

希望在远方的您，过一个欢喜年

爸：

旧历年就快到了，上个礼拜给您寄了些“年货”，不知道您接到了没？还有您要的日记本，其他有五磅装红牛奶粉袋、巧克力糖一包、椒盐饼干一包、芝麻糖片一包、雪片糖一包、云片糕一包、椰子桃酥一包，希望您虽远在他方，也能过个欢欢喜喜的年。这两天期考，我们学校大概是最晚的了，别的学校都放假了，我们二十八号才考完，马上就是除夕新年！

您有好久都没有写信给我了，也不知道您收到了我的照片和29日、1月9日的信了没？您一定要给我回信，新年要到了，又流行起感冒了，不知是什么型？也没有特效药，您要保重身体，不多写了（期考后再给您来信）。祝新年快乐。

佳儿敬上　一九七六・一・二十五

压岁钱正好派上用场

爸：

收到您1/24的信。年已经过了，寄去的包裹也不知道收到了没？您的牙能吃吗？好吃吗？无论如何，新年快乐！

今年过年除了大串鞭炮（要吊起来挂的那种），很少听到小孩放炮，大不了玩玩“火花”，去年我就不放炮了，记得前年放炮，不小心火星掉进一盒火花，烧起来了，而且还把手臂烧“焦”了一块，疼死我了，过了好久才好，所以，以后就不放了，况且我也大了！

对！我还是赞成您镶牙，还需多少钱呢？请您告诉我，今年压岁钱也正好派上用场。我们学校是最晚放的一个学校（1 / 28 才放假，应说是 29 日，因为 28 日仍在考试），今年公、婆北上过年，家中热闹许多，只是我得睡沙发（因为公公睡我的床）！祝新年快乐。

佳儿敬上　一九七六·二·二

您牙齿不好，我非常难过

爸：

给您寄去了一千元整，因为和妈妈商量的结果，您没有说明什么时候要钱，要多少钱，牙医什么时候来。而书信往还，又需要一段很长的时间，怕您钱不够，所以先寄去一千元应个急（本想前几天给您寄去，但邮局没开门），看到您的信，知道您的牙齿非常不好，心里很难过，一定要医好，多少钱要来信告诉我，今年收了些压岁钱，可以给您看牙！

不知您收到了吃的东西没？牙齿能吃吗？日记簿相信已经收到了，还不错吧！祝安康。

佳儿敬上　一九七六·二·七

牙齿坏了几颗？医生的情形如何？

今绿岛东岸的环山公路上，有一条步道沿山丘蜿蜒而上，直达岬角顶上的观景亭。从环岛公路远观步道，似缩小的万里长城，当地居民就将这里叫做「小长城」。

钱够不够用？来信告诉我

爸：

我们二十号就开学了，假期无多，而功课也还没有开工，都堆得老高了！

十六号要去拿成绩单，十七号返校注册，二十号就开学，寒假的假期真短！昨天起开始补习数学，是干姐姐介绍的，教得还不错！祝安康。

佳儿敬上　一九七六・二・十三

一连六天吃肉

佳：

1／25，2／2，2／7三信跟一千元都收到。牙医尚未莅临，看情形爸爸只好出狱后镶补了。但我却正需要这笔钱，代我谢谢妈妈。我的牙只要先用棉花填住，就不妨碍大吃吾儿寄来的年货，这次年货甚好，尤其是乳片糕（吾儿断奶时就吃过），我放在地铺头，夜间饿了吃。我们在狱中过年也很热闹，一连六天（除夕到初五）都吃肉，最后还吃了一顿肥猪肉。今天是正月十五日，早上特别吃稀饭，还是甜的，晚上又吃鸭肉。日记本也收到，吾儿不预备听爸爸的话写日记了。吾儿关心爸爸，这是爸爸最大的安慰。来信说，每添一件衣服，都会想到爸爸，短短数语，永萦不忘，吾儿是《双城记》里的女儿，反过来照顾爸爸，但我比书上那个爸爸幸运得多，还没有疯！将来仍能照顾吾儿。我总挂念大伟，它还在吗？我在南投县草屯镇曾伤害过一条忠心的狗，一直使我内咎（疚），对狗也偏爱，爸爸过去问过它，吾儿没有回答。

爸爸　一九七六・二・十四・二二

我要侍奉您一辈子

爸：

接到您 2 / 14 的信，您说您正需要上笔寄去的一千元，使我担心您的钱是否够用。倘若牙医来了钱不够用，怎么办？与汇款一同寄去的信中，亦有问及您牙齿蛀损情形。因为我自己牙齿不好（我跟爸的牙齿一样，爱吃甜食的结果），明天我还要去佩戴假牙呢（我两颗臼齿已经拔掉）！身受其痛，所以想问清情形。

大伟已经送人了，妈说现住公寓，狗又没人管，看它关在走廊上，英雄无用武之地，怪可怜的，妈又怕脏，我又一整天不在家，不能照顾，所以送人了，我也爱狗，大概是从小受到爸爸的影响，走到街上，看到许多野狗，怪可怜的，经常就把当做早饭的面包喂给它们吃。将来我不要爸照顾我，我要侍奉您一辈子！

开学了，今天是第一天，还要告诉您一个好消息，成绩单发下，我可以领奖学金呢！智育平均八〇．二（音乐、美术拉下了不少分）、德群育九十二、体育八十七，智育中最差的是数学，干姐姐帮我介绍了一位数学老师，补得不错，已经上课两次，一个月四百元，这次领奖学金虽只有四百元，但可付补习费，也可免用妈的钱！祝安康。

佳儿敬上　一九七六·二·二十

在南投县草屯镇为何伤了只狗？（忘了问。）

行军阳明山，脚趾磨出泡

爸：

您好？二月二十一日去装了两颗假牙，戴得极不舒服（因为牙床还没有发育完全，所以不能装死的），但是为了避免牙齿倒掉，所以不得不戴，终究不是自己的！

今天行军，从新北投“走”到阳明山，走得我脚趾都磨出泡来了，而从阳明山回去，又是挤巴士，从阳明山“站”到台北，还要转车（一点钟离开阳明山，三点钟才到家），回家从三点钟睡到六点半。（回家后，手也没洗，脸也没洗，一倒在沙发上，就睡着了！）累坏了！

寄上一张二月十五日在阳明山照的（妈妈照的——技术欠佳），那次是因为花季将至，陪妈妈上山赏花的照片。祝安康。

佳儿敬上　一九七六·二·二十八

爸爸快出狱了，既悲又喜

佳佳：

2／13，2／20信收到。爸爸在草屯养的狗，名叫“老虎”，被灭狗队用毒针打死，死因却由于我，以后再告诉你吧。现在告诉吾儿一件事，爸爸就要出狱了，吾儿暂时不要来信（来信也收不到了），爸爸回台北后，我们父女就可见面。吾儿去年来的信上说，已忘记爸爸是个什么模样，无限怅惘。我两岁丧母，对母亲无一点印象，既没有留下相片，也没有人向我讲过她老人家的音容遗事，连怀念都无从怀念起，终生饮恨（唯一听到的是，母亲临死时，姐姐抱着我在床前啜泣）。而今吾儿总算再看到爸爸，希望吾儿想象中的爸爸，跟实质上的爸爸相差不多。不多写了，团聚在即，既悲又喜，一首诗附寄吾儿。

爸爸　一九七六·二·二十八·八

寄女

吾儿初生时，秋雨正淅沥。父独守长廊，嗫喃向神祈。护士终相告，告父生一女。

此女即吾儿，此情舐犊意。儿啼父心碎，儿笑父心喜。看儿渐长大，摇摇学步举。

曾入托儿所，一别一哭涕。负儿径自归，为儿理发髻。出疹畏光风，门窗日夜闭。

儿身热如焚，抱儿屡惊悸。自幼厌进餐，一餐一淘气。悄悄吃狗食，吐泻几将毙。

住院儿卧床，伴儿父卧地。五岁接电话，口舌即伶俐。怒时呼臭爸，顿脚如霹雳。

六岁考幼园，百分高第一。滑梯玩不休，万唤都不理。上学有人送，下学父迎及。

一路攀父臂，仍作秋千戏。爬肩闻烟味，翻腾上父膝。遇事即寻父，搂颈絮絮语。

寻伴乐不归，惹父沿街觅。急急如疯汉，惶惶汗遍体。当父离家日，儿已二年级。

坐地看电视，尚对客人嘻。一去即八载，一思一心戚。梦中仍呼儿，醒后频频起。

而今父将还，儿业亭亭立。何堪吾家破，孤雏幸存息。儿已不识父，怜儿泪如雨。

我女儿一定会抱着我哭

佳儿：

写此信时，不知如何下笔，我不该于 2 / 28 写信告诉你，我们父女即将团聚！现在我在绿岛已有很好的工作，（编者按：明明被强制囚禁在人手中，柏杨却写下“已有很好的工作”，令人酸鼻。）不要为我担心，陈丽真阿姨会打电话告诉你一切，要心平下来，好好用功。你 2 / 28 信接到，也看到妈妈为你照的照片，我曾说：“我女儿一定会抱着我哭。”上次寄来的一千元就是当做路费用的。

禀告妈妈，以后不要再寄钱了。八年岁月拖累她太多，不知道如何才能报答她，也不知道何时才能报答她。

爸　一九七六・三・九

我兴奋得哭了

爸：

接到您的信，映入眼帘的不同的地址，似乎连那信封都不同了，前两天妈回来告诉我您的事（陈丽真阿姨并未打电话给我，倒是打给妈妈了，但妈妈早在陈阿姨打电话来之前就知道了！）我兴奋的（得）哭了，不知道是为了什么，兴奋！难过！

知道消息后，就着急着您为什么不在事前写信告诉我，或是告诉我地址，害我信无处寄！

据妈说您在绿岛是教书吧？一月的收入够用吗？不够用要写信来，就是有多余的钱，也不要寄来，这样会徒增我们心理的负担的，留下来添些东西，买些好吃的！牙齿还是要看（找个好医生，若没有，可等到回台北时镶）。

快第一次月考了，我很好，一天除了念书、打球、补习（有时看看电视外），也都没出去！请您放心！

在这里给您附上在阳明山所照的照片，左边是我同学马正慈，她有一六八公分高！祝健康快乐。

佳儿敬上　一九七六・三・十七

未接到您二十八日的信，所以对于您所提的事，大都不知！

50年代的柏杨

心浮得很，就是坐不住！

爸：

只接到您三月九日的一封信，就没有了！寄去的照片、信是否收到？问您的事也一直耿耿于怀，得不到答复！

最近忙吗？我们从 3 / 29 放假到 4 / 1 总共四天，不知您那边是如何？明天是青年节，要到忠烈祠（全市公立高中都派有学生参加），三十日要练篮球，因为班际篮赛将届，三十一日要去郊游，是和班上一道去八斗子玩（我从来没去过那地方），一日又要跟同学出去玩，真是安排得满满的，虽然忙，却忙得好空虚，总觉得没有得到什么！本想看看书的，可是心浮得很，就是坐不住！祝安康。

佳儿敬上　一九七六·三·二八

分别多年，究竟改变了多少？

爸：

您好？今天心血来潮，翻了一下书桌的抽屉，翻到了一些旧照片和一封一九七三年一月二十七日的您寄来的信，心中无限感慨，想想一晃三年，再看看那些照片，幼小的我还不到妈的腰部呢，不想今天已经高过妈妈半个头了，心中更觉难过，那封信中您提到我替您钩的一条围巾，您用来围肚子，为何？我想我还会钩一条送您——况且如今技艺较为高超，不是只钩长短针了，前两天上街买了张专送爸爸的生日卡，回家后，才知连妈妈也不知道您的生日，不知何时才能派上用场？

我有收集信纸的习惯，大家都觉奇怪，我一向个性开朗、热情、倔强，怎会喜欢收集信纸，而且竟是些如此苍凉的，说也奇怪，去买信纸时，我第一眼就看上了这张，我爱它那种感觉——说不出来的，爸！希望您也喜欢！

昨天和同学上八斗子郊游，风大又冷，但还是上基隆去了，一路上不是走路就是坐车，要不就喝西北风，把人整得惨兮兮，回家后鼻子也不通了，喉咙又痛，头也疼，倒床就睡到今早，真是赔了夫人又折兵，得不偿失，害得今天一天昏沉沉，浪费了一天的假期！明天上学正好换季（换穿裙子），哈！那我不冷坏了！

说老实话，当减刑条例公诸于报时，我就注意了，但不见您提起，就以为不成，而如今您出来了，一则以喜，一则以忧，喜的是……那就不用说了，忧的是——多年不见不知您是什么样了，多希望见到您啊！但又怕，我们第一句话该说什么啊？我是新潮人，您能接受我的观念吗？与妈妈相处、生活多年，也不时发生小的争执，我怕！我怕我会伤害您！但是父女天性，我多渴望见到您！记得初三毕业，我要求去绿岛看您，但是妈妈不准，今夏如果您仍不回来，我要去看您！但是，爸爸，我好怕喔！分别多年究竟改变了多少？或是生疏了，或是……

自您出来，只接到您一封信，相信很忙！我月考刚过，可清闲一阵，就要开始忙了，周而复始，始终如此，月考—期考—暑假，然后高二，然后高三，然后大学，单调且乏味！看到日历仍是二月二十五日，一口气撕掉了三十一张，就好像日子似的，讨得那么快！

英文老师规定我们每人都要写封英文信给她，想了许多才“挤”出二三行来，孵蝌蚪文实在不简单，班上又举行背诵比赛（英文），于是死背 "The Tortoise and The Hare"——龟兔赛跑！因为文章短，所以才选这一篇！祝您健康快乐。

佳儿敬上　一九七六・四・一

上天见怜，爸爸会回去的

佳佳：

2／28，3／17 信和照片都接到，吾儿，不要哭，上天见怜，爸爸会回去的，我在这里一切很好。请寄：一、一瓶维他命 B——（或维他命 B complex），二、一瓶镇静剂（一半青绿、一半褐黑的胶囊，如无，其他无习惯性的也可），三、一件夏天穿的单夹克（灰色的或其他素色的均可），四、一把指甲刀。爸爸为陈丽真阿姨忧，来信告诉我她平安否？望儿快乐。

爸　一九七六・四・八

镇定剂要少吃

爸：

昨天（4／18）已将您要买的东西寄去——两瓶维他命、五十粒镇定剂（没有瓶装，买五十粒他还不太肯卖呢）、一件夹克、指甲刀一把。

镇定剂要少吃，只有害没有益处！宁可睡不着，也别吃！

23、24月考，范围大，科目多，累坏人了（我从十二点读起，现已是凌晨三点了），考完再给您写信，四月一日卡片收到没？祝安康。

佳儿敬上　一九七六·四·十九

幸有爱女知友

佳儿：

寄来的东西照单收到，4／19信也收到，夹克怎么不是单的？且略嫌小，但仍可穿，你忘记爸爸是一个高大个子了，再给我寄一条夏天穿的西裤（单的、薄的、深色的），一瓶维他命E、一瓶V口卜眼药水，这些不要急着去买，多停些日子没有关系。镇定剂我会很谨慎用，我不是失眠，而是日夜不停的心脏剧跳。吃这个可以稍安。4／1的信也已收到，使爸爸感伤良久，这是爸爸自入狱以来吾儿第一封触动爸爸沉重心弦的信，你说我没有告诉你减刑的事，但是吾儿也没有来信问过爸爸一句啊。其他朋友都立刻接到家人的喜讯，一位朋友的女儿连报纸都寄来了。吾儿每次来信，我都肯定地以为一定会问我，却始终失望，我不认为吾儿不关心爸爸，只认为你功课忙，没有看报，我本想主动地告诉你，但怕你太兴奋，影响升学考试，又怕你闹着要来接我，耽误学业，所以一直到 2 / 28 距出狱只有七天，才给吾儿一信，并寄一首长诗，假使我事先知道有现在这个转变，那信也不会写的。吾儿要来看爸爸，我十分高兴，我想你暑假时可以来，婉转向妈妈恳求，届时我会请一位可靠的伯伯或阿姨陪你同来，路费由我直接寄去，如果三个人的话，大概六千元就够了，不让妈妈再操心。到绿岛后，就睡在爸爸身旁，第二天再回去。爸爸在你这个年龄（正是高中一年级），抗战爆发，投笔从戎，流浪迄今，幸有爱女、知友，在苦难中给我安慰。记得我读小学五年级时，父母吵架，父亲离开我们的老家辉县回开封，我那时恐惧后母，曾尾随父亲数里之远，一直尾随到荒郊，那时我才十一二岁，希望父亲回转，再希望父亲带我一块走，可是当父亲发现我后，却大声把我喝回，把他心碎的孤儿遗弃给日夜虐待他的后母。吾儿千里探父，希望能比古代女孩子缇萦，缇萦徒步走三十倍于吾儿的路程，跟着做了囚犯的父亲，从山东跟到长安。盼望至少为吾儿留下日后无憾的回忆。

爸　一九七六·四·三十

天变地变，爸爸爱儿心不变

佳佳：

我 4 / 30 的信接到了吧？再三再四地看你 4 / 1 的信，心中充满温暖。我暑假尚不能回去，但长官很优待我，告诉我说：我只是短期的，不是长期的，我仍会回去的，政府以仁爱治国，不会让我

今夏如果您仍不回来，我要去看您！但是，爸爸，我好怕喔！分别多年究竟改变了多少？或是生疏了，或是……

天变地变，爸爸爱儿之心不变，爸爸了解你，爸爸只是老天真，不是老糊涂，可憾的是爸爸不能早日回到吾儿身边，对吾儿照顾。

们骨肉分离，请吾儿放心。暑假既不能回去，所以盼望吾儿前来，我已拜托可靠的朋友带你（你自己决不可单独前来），等接到回信，再告诉吾儿。从台北乘远东公司的飞机到台东，从台东再乘台湾公司的飞机到绿岛，当天可到，住一晚，第二天回去，旅费二千元够了，三个人约需六千元，届时爸爸会把这六千元寄去（我现在还没有钱）。吾儿自称是“新潮人”，有趣的年轻人的把戏，但不必顾虑爸爸不会接受，生疏是必然的，看过《双城记》吗？他们父女的重逢，而他们父女从没有见过面，但刹那间就是父女了。天变地变，爸爸爱儿之心不变，爸爸了解你，爸爸只是老天真，不是老糊涂，可憾的是爸爸不能早日回到吾儿身旁，对吾儿照顾。你的英文字写得很糟！“T”字像中国的“号”字，要注意改一改。

爸爸　一九七六·五·七

希望太高，怕失望

爸：

接到您4／30和5／7的信，兴奋得很，因为我可来看您，不过钱可不必寄来，我每年压岁钱都有存下，足够付旅费了，钱留着买些补的东西、或用的，真的！别寄钱来！

夹克是最大号的了，而且没有卖单的，可见您个儿太大了，其他的东西，妈说买了就马上给您寄去！

要告诉您一个好消息，我得了一份奖状——学业、操行、体育均列甲等，本可“留影”——一项荣誉，但因未全勤，真可惜，但是乐极生悲，第二次月考，考得奇差，心里很难过！篮球比赛第一场就输了，因采单循环，故以后就没机会了！学校的功课繁忙，而同学相处和睦，前几日和同学去看了一部《乱世佳人》，即 Gone With the Wind，实在是好看，我现在只想看原著的翻译小说——虽是厚厚的两大本。

这两日心思不宁，每每幻想到绿岛看您的情形，希望太高就怕失望，所以总是战战兢兢，妈已不表反对，只是担心安全问题，我倒是不怕这些，只担心去成去不成，上帝！保佑我们！祝健康快乐。

佳儿敬上　一九七六・五・八

想不到变成幻梦

佳儿：

我 4／30，5／7 两信都接到了吗？迄今还没有接到回信，十分悬念，前信请你寄西裤、维他命、眼药水，我这里都已有了，不要再寄。暑假什么时候开始？妈妈准许你来吗？如果不准？也不要难过，她有她的困难，你要谅解她，我们父女以后还有见面的日子。你 4／1 的卡片、信，爸爸看了又看，真是千言万语，当二月间，我常在囚房中自言自语：“我女儿一定会抱着我哭，我们骨肉就要团聚。”想不到变成幻梦。吾儿为爸爸买的生日卡，暂时保存起来，你不该为爸爸的事老是麻烦妈妈、问妈妈。我从小没有母亲，不知道自己的生日。你曾说过复兴初中一位老师待你像亲生女儿一样，你很感激她，她叫什么名字？现在仍在母校吗？北一女你的导师是谁？待吾儿好不好？都请来信告诉爸。

爸　一九七六·五·十三

参加仪队？校队？

爸：

您需要的东西已于今月（日）寄出（5／16），其实早已买好，只是想和婆婆需要的东西一同寄出，因此耽误了！

最近做家事，本想坐（做）一个烤面包机的套子（上绣花），可是愈绣愈难看，可是时间、精力已经投下，只得硬着头皮继续绣了。

希望暑假赶快到，但是其间不知又要经过多少考试？不过辛苦的果实总是甘美的！我的成绩达到了仪队的标准，但是参加校队就不能参加仪队，我真不知道这两样该选哪一样？问妈，她随我（依她的意思最好是无事一身轻，但这是校方所不允许的），不知爸的意思如何？仪队神气、漂亮、出风头；校队空闲多，可享受不少权力！

妈上街买菜，顺便寄包裹和这封信！祝健康快乐。

佳儿敬上　一九七六·五·十六

包裹内有两条西裤（为所能买到最素色的了，其实您也别只穿黑色、灰色，可穿些咖啡……）、一包眼药及维他命E——一切以健康为重！

洪子惠老师很照顾我

爸：

4／30，5／7，5／13的信都收到了，东西昨天5／16就寄出了，没关系，留着用，反正都有用！

暑假可能到七月初才放，我一定会去绿岛的，妈也没有说反对的话，我已经那么大了，能照顾自己了！前信提到要可靠的朋友带我去，不知回信如何？

初中时的老师叫洪子惠，现还时有来往，教师节、生日都会去看她，因为她实在是很照顾我，很孩子气，所以都和我们打成一片！现仍在复兴，是国文老师，带我三年！高中毕竟和初中不同，是很需自治的，因为我们导师的课（生物老师）一个礼拜只有三节，见面机会少之又少，但她对我也不错，总说我能干，我挺喜欢她的——只是有些啰嗦，但总是为我们好！我五月七日的信没收到吗？奇怪！一连接到您三封信，而我寄出之信您又没收到（5／8，5／16），心里颇觉不安，怕您挂念！祝安康。

佳儿敬上　一九七六・五・十七

爸爸的意见只供参考

佳儿：

5／8，5／16两信收到，得知妈妈不反对吾儿探父，十分感谢她的宽厚。暑假什么时候开始？吾儿计划如何来法？要详细地告诉我。（爸爸过去一再说过，要对我的话一一回复，但你始终没有做，希望以后不再如此，因为我们相隔得太远了、太远了。）看看翻译小说很好，除了《飘》，可再看《双城记》《基度山恩仇记》《傲慢与偏见》《咆哮山庄》，对你运用文字的能力，一定会有很大的帮助，但不要耽误功课。吾儿问我校队和仪队哪个好。爸爸和社会隔绝，一片模糊，实在不知道哪个好。但仅从你对仪队的评语上，似乎并不是太好的地方，我看还是校队好，因为空闲多，你可多准备功课，多看小说，使自己更充实，这才是真正属于自己的，永不朽坏。仪队的风光刹那间就过去了，对你考大学毫无帮助，但这只是参考意见。

爸　一九七六·五·二十一

真恨，为什么不早懂事！

爸：

现已是半夜两点半，为了提神，喝了杯咖啡，一点上床至今仍未睡着，思潮起伏，想起小时候的情形，记得有一次妈妈去调查局，深夜未归，您焦急地等待，问您，您说“妈马上就回来了”——而我呢？还小，尚不知家庭变故即将来到，安心地去睡了，我真恨！为什么不把握那时我们在一起的一分一秒，早知如此，我一定彻夜陪您，能在一起总是好的，谁又管他失眠的痛苦！

记得去看您，走进接见室，我发觉您的头发全白，我哭了——幼小的心灵虽不知发生了什么事，可是隔着玻璃、铁栏的，必定不

2005年，柏杨和张香华已结婚二十七年，一路上相互扶持，共踏人生的阶梯。

是好事，您要妈妈带我出去，我当时真恨您，孰知您是受不了痛苦的艰（煎）熬！

小学时，同学谈及父亲的年龄，我还很得意地说：我爸是一九二〇年生的，比你们的都大，心中根本没有忧愁，也不知忧愁，那时我活在自我的小天地中，一切以母亲为中心，我不懂，真的不懂，若是懂得，我会趁您还在新店时，去看您、安慰您……可是我没有，我很后悔，又很气妈，为什么不告诉我可以去接见的？但是即使妈妈告诉了我，又如何呢？回想过去，太不懂事了，真恨，为什么不早些懂事！

记得以前睡觉，都要您或妈讲故事，才肯睡，后来您干脆买个录音机，把故事录起来放给我听，还记得我对您说，当我睡不着时就一直看月亮，直到眼睛疲倦就自然睡着了，可惜今夜没有月亮，不然也可回忆儿时情景，但回忆总是回忆，总会过去的！

一九七六·五·二十一晚

昨夜折腾了一晚，后来虽然睡着了，可是七点不到就醒了，四肢乏力，可是怎么都再也睡不着了，洗个头，清醒、清醒！——第一次一大早洗头！同学帮我报了暑期青年自强活动，在曾文水库——台南，四天，日期未定，不知我去绿岛的事如何了？日期呢？希望不致冲突，如果冲突了，我会放弃台南之旅，即使已经交了钱！

月考终于考完，成绩奇差，期考将至，要用功！突然生病了，也不知为何，忽然头疼、喉咙疼、牙仁（龈）发炎，有些发烧，妈妈马上去替我买药，泡柠檬水，唉！生病虽难受，但是母亲的呵护更难受用！

这次历史题目非常小，有“红色”的危险，数学终于及格了，这次题目简单，是拉分的机会，同学多数及格且分数不低！

高中和初中大大的不同，以前月考完，就是自由日，大约可自由到二三个星期，才开始紧张，进入情况，可是如今月考才完，马上就是小考一大堆，松懈不得，联考在即，高三的同学又开始紧张，今天是她们的毕业考试，看了使我想到两年后也是如此，为前程而奋斗！

生病好难受，改天写信给您！祝健康快乐。

佳儿敬上　一九七六・五・二十八

星期天是洪老师生日，昨日到复兴去看她，送了她一条项链。

正托人带儿来绿岛

佳儿：

接到吾儿 5 / 17，由邮戳上得知，这信于 5 / 28 才到绿岛。因为绿岛风雨不停，海上波浪滔天，船只停航，飞机当时也停航了很久（今天已经恢复），对外交通断绝。所以吾儿 5 / 17 的信留在台东过不来，我于 5 / 21 寄吾儿的信留在绿岛邮局也寄不出去，这是绿岛最大的艰难之处，吾儿可知如无人陪伴，万一到了台东，十天八天不能渡海，人地陌生，进退不能，恐怕发生事端。我曾向朋友请托带你，但他们都有所畏怯，不敢携带吾儿。我现在再向另一些朋友请托，还没有接到回信，若接到回信后再告诉你，如果他们仍不能帮助，爸爸再无能力了，届时吾儿就不要前来，现在你要在心理上做一个来不了的准备，以后我们仍可以用信件谈话呀。你选队的事决定了没有？你们二年级时是不是要分组了？这件事十分重要，要看你的英文、数学、理化等科怎样（不是考的分数好不好，而是对它们实际上的了解和兴趣多不多。）

爸爸　一九七六·六·四

妈希望我做医生

爸：

接到您二十一日的信，暑假可能在六月底到七月初，如何去和什么时候去？我也不知道——只有依赖爸您计划了，只希望能早日看到您，虽也有些胆怯！

《飘》看到 1/4，又搁下了，妈说这本翻译得一点文学气息也没了，所以我也懒得继续看了——当初想到要看，实在是迷上了剧中的白瑞德和明星克拉克盖博，我发觉我做事总是雷声大雨点小，五分钟的热度，过了就没了，又缺少文学细胞，人人都说《飘》、《基度山恩仇记》好，文学结构棒，但我看了想打瞌睡，明知大仲马写得精彩，却也提不起兴趣，但兴趣是人培养的，我会 try，但希望渺茫！

爸说得很对，仪队只是暂时的，我现也不去想它，暑假想做很多事，我希望学校的活动不至于耽误我的 plan！学校发下了校刊《北一女青年》，看到里面许多高三大姐们的文章，使我心寒，也使我想到初三那段“应付”联考的紧张生活，更使我畏惧面对将近十万人的竞争！期考完毕，就分组考试了，我将考理组，但听说题目很难，我很怕无法分到理组，将来可能学医——妈说那是最与世无争的工作，又可救世济人，考不上医生（因为分数很高），就念护士，出来就有一技之长，将来也嫁个医生（一笑），反正好处多着呢！

星期六下午在学校上游泳课，一个游泳池有二三班，但多半都在池边看，而水浅地方人多，正合吾意，所以游得尽兴！晚饭是泰国侨生请我吃的，因为是她生日，还特别做了泰国菜，可把我整惨了，因为他们吃的传统就是“辣”，我到现在还不敢吃辣，所以昨晚只有靠喝水饱肚子（一辣就喝水，所以昨晚喝了若干大杯水），吃到七点，把妈担心死了——因为忘了告诉妈，她还以为我游泳淹死了呢！再谈！祝安康。

佳儿敬上　一九七六·六·六

单独承担是进入人生的第一课

佳儿：

我 5 / 21，6 / 4 寄吾儿两信，都收到了吗？我于 6 / 24 曾用限时信给于姑姑（于纫兰，爸爸叫她大姐，住新店中央新村 6 街 82 号），请她转托罗叔叔夫妇（罗祖光，他是《自立晚报》副社长）带你前来，可是已有半月，未见回信。你接信后要去拜见他们二位（查电话簿，先打电话约好时间），说明我 5 / 24 信上请托的事（我想这封信也可能遗失），记住！往返飞机票都由爸爸负担，马上就可寄去，只不过请他们拨出两天时间（最多三天），一则使我们父女得见一面，一则他们也可以一游绿岛，诚恳地乞求他们帮助。这是进入人生的第一课，要吾儿自己单独负担是很难的，思之痛心，吾儿多忍耐辛苦，借此锻炼。结果如何？来信告知。吾儿5／28的信收到，洪子惠老师对你那么爱护，恩不可忘，爸爸可以写信给她表示对她的感激吗？这是吾儿第二封长信，我会再给你信，说说当你小时候爸爸和女儿间的往事。

爸　一九七六·六·十一

转移到儿女身上

佳儿：

我6／11的信接到了吗？我已再给于纫兰姑姑去了一封信，请她帮助，盼吾儿早日前往拜见，于姑姑是我在四川、东北时老友，对爸爸过去的一切，知道得很清楚，希望她能向罗叔叔婉商，或请她另想办法（如果不行的话，也不可有任何不悦，仍要致谢，人人都有自己的困难）。吾儿5／28的信是分段写的，这是真实的记录，亲人之间写起信来，如果只是淡淡的叙述事件，缺少感情，便缺少真挚。爸爸过去一直羡慕别人的儿女不停地思念父亲、不停地询问归期，我就不相信吾儿会遗弃在悲惨中受苦的老父。爸爸接吾儿的来信，固然高兴，但刹那间又变为担心。当初爸爸在恋爱时，每接到从台中寄来的厚厚情书，内心就有要爆炸了似的兴奋，因为它证明了爱仍浓厚，可是刹那间又惊恐起来，惊恐那封信投邮后会不会有什么变化（十年后，爸爸在军法处狱中，又重复如此），直到第二次信来，再升起第二次兴奋，也再陷入第二次忧伤。这是一种沉重心情，现在转移到儿女身上，不知吾儿来信投邮后，是否仍照常快乐？是否病情有了起色？联想过去的爱情，使我叹息，现在转为思儿的亲情，使我坐卧不宁。八年前，妈妈被传讯的那一天，爸爸曾远到和平东路为妈妈卜卦（多么迷信啊！妈妈为此曾不谅解，责爸爸趁她不在乱跑）。那晚，吾儿屡问妈妈哪里去了，我说妈妈上学去了，你睡在被窝里，爸爸坐在地板上，在被窝里握着你的小手，忧心忡忡地为你讲故事，直到你合上双眼，难得你还记得这些。吾儿第一次接见我，我正在出庭应讯，在窗子上望见妈妈一手撑着阳伞，一手牵着你的手，你一脸恐怖，眼睛瞪得圆圆的，这印象永难磨灭。后来在洞口接见，我教你出去，你现在才明白爸爸当时心如刀割，但爸爸也怕吾儿看见爸爸变了形，心灵永留痛创。你小时候是一刻钟都离不开爸爸的，因为妈妈在家的时候少，而爸爸一天到晚都在家。有一天晚间，你从跳舞学校回来，在交通车上不知道跟哪位小朋友吵架，受了委屈，车一到家门，你就声震屋瓦地大声哭叫："爸爸！爸爸！"（普通孩子遇到事，都是叫妈妈的），我狂奔着下楼，邻居们（包括司机在内）都以为发生了大祸，直到抱你下车，你还告状呢，把那些小朋友一个个吓得口呆目瞪。我不知道你曾夸过口："我爸爸是一九二〇年生，比你们的都大。"但我知道华昌言、对门的陈小妹等都羡慕吾儿："你爸爸天天都在家，又带你出去玩。"我是除了上班，到什么地方都带你的，连朋友的宴会也都带你。我想我会继续再照顾你，到你真正地长大。不过在我被释放之前，吾儿要练习刚强自立。这一次如不是吾儿提及，我不会同意你来，但如果没有人带路，就不要来。长官们一再指示，我是短期的，将来终会见面。那个为吾儿讲故事的小录音机还在吗？我希望那时讲的故事没有销掉，也是一项可爱的回味。

爸爸　一九七六·六·十四

（我从前不常寄限时专送信，怕邮局的摩托车惊动家人。最近总是寄限时信，因为据说平信渡海是坐船的，遇有风浪，船只停航，常会延误七八天或十数天，限时信可能当做航空信坐飞机，就快多了。）

想独自到绿岛探父

爸：

接到您6／11的信，心中不禁犹豫——我很怕面对那种场合，求人的场合，自尊心和意志挣扎着，所以隔了一个礼拜都没有回信，因为不去求他们我就无法成行，昨日接到十四日的信，就下定了决心打电话给于姑姑，由电话簿查到了电话，她很惊讶我居然能考上北一女（她说，她还以为我在一所普通中学），但她说罗叔叔在高雄做生意很少返北，所以找不到他。我难过极了，我原本就不抱着成功的希望，我也不喜欢求人，也不想要人带我去，都那么大的人了，妈说如果您答应了，就让我一个人去（如果可以，我三十号就动身到台东，若遇台风，我会看情形而定，实在不行我就搭机返北，或者我找找看有没有外县市同学住在台东。可在她们家暂住——因为妈不放心我住旅馆），当然，一切看您而定！

要期考了，二十四、二十五、二十六、二十八日四天，很忙，期考完后再详细给您写信！

祝安康。

佳儿敬上　一九七六·六·二十

不但可笑，还可慨叹

佳儿：

6／6信收到，考理组学医，深合我的意思，但英文、物理、化学十分重要，不知你能否负担下来。不可过度勉强。学医是一种有机会也有能力救人的事业，不要看成一种吃饭没问题的工具。学护士的目的如果仅为了嫁给医生，诚如吾儿所说的，不但可“一笑”，而且还可慨叹，如考不上医，宁考别的。游泳一定要学会，这是救命的技能，但绝对不可去碧潭之类的地方，夏季已至，又开始淹死人了，不要以为没有危险，那些淹死的孩子，当初都是很有把握的。我6／4，6／11，6／14三封信都收到了吗？于姑姑、罗叔叔那里，拜见过了吗？结果如何（我于6／14又给于姑姑寄去一信）？当初我以为请一位朋友伴吾儿前来，是一件容易的事，想不到是如此的困难，盼火速来信告知。我儿，爸爸不在你身旁，没有人为你安排来探父的事，一切要靠自己。

爸　一九七六·六·二十一

这几年你是生活在一个非爸爸所在的世界里……对人生的看法更是差劲。人生是永远看不透的，满口说看透人生的人，只是无可奈何地悲观而已。实际上没有人看透了人生，一个人掉到大海里，他说他看透了大海，他真的看透了大海吗？他只不过悲哀地将要淹死罢了。

不放心女儿独行，宁可父女不相见

佳儿：

接 6 / 20 信，恰好罗叔叔的信同时也到，他答应伴你前来（我的长官怜我父女哀哀无告，也愿亲自带你），这事总算解决。吾儿来信说妈妈同意你可以单独前来，但爸爸以为万万不可，正因为你大了，爸爸才担心，宁可父女不见面，也不要冒险，报上登的那些社会新闻，常使我心悸。我今天已给罗叔叔寄去六千元（与寄吾儿此信同时发出），他住在敦化南路 351 巷 35 号之 5 （电话可查电话簿），最好请罗叔叔（七月）十日或十一日动身，十日或十一日到达绿岛，提前延后都不合适。我很兴奋，一时写不出多的来。

爸爸　一九七六・六・二十五

求人帮助，并不丢人

佳儿：

6 / 25 的信接到了吗？跟罗叔叔商量妥动身日期没有？并且请罗叔叔要早早地到远东航空公司预订机票（他们是包机性质，凑不足人数就不开）。你要携带身份证（先把号码、年龄、籍贯禀告罗叔叔，订飞机票和在台东办赴外岛登记，都需要它）。机票钱已汇罗叔叔，只要把压岁钱带一点在身边作为零用就可以了。再带一个小手提包，内装牙刷、牙膏、一套替换的内衣，身穿学校制服。这次出门远行，爸爸不能为你整理行装，吾儿要自己练习，途中也要自己照顾自己。6 / 20来信说你的自尊心使你迟迟地不肯去找于姑姑，吾儿，爸爸到处求人，难道就没有自尊心了吗？自吾儿生下来后，爸爸为吾儿求人的次数太多了。为了读复兴幼儿园，还亲自带你去校董家里恳求，说尽求情的话，还送重礼。而吾儿降生时，爸爸也是向人借贷付住院费的。但少年人都是如此，爸爸谅解这种心情，因为爸爸也经过那个年龄，和吾儿一样刚强。不过，求人帮助，并不丢人，问题只在我们要求帮助的事，是不是正当？而我们有没有将来一定报答之心。二者俱全，求人何伤。二者缺一，或二者俱无，那才是贱事，永不能做。一个人的刚强在实质，不在外表。世界上没有不需要帮助之人，吾儿不要气短，只要对一饮一食，不忘人家的恩情。罗叔叔如不在台北，可请罗妈妈或由吾儿直接打长途电话到高雄，请他北返，日期必须在七月十日或十一日。

爸　一九七六・六・二十九

接到爸爸的信，兴奋了半天

爸：

星期日接到您的来信，兴奋了半天，那时正出去补数学，在上课时好兴奋，同学都奇怪我怎么那么愉快，可是星期日我没有行动，因我已经被数学搞得晕头转向（分组考“全年”的东西），星期二连着两堂的数学考得我头痛欲裂，还勉强和同学穿着制服压马路——即逛街意！结果到今天仍不舒服（上午同学来玩，结果我也没陪她们，自己一个人在睡觉），头痛、恶心、想吐，难过极了，可是我怕您着急，就打了个电话给罗叔叔，可是他不在家，问他什么时候会在，他家人说不一定，记得上次打给于姑姑，她也说罗叔叔早已不在《自立晚报》，而在高雄做生意，难得回台北一趟，当时我真失望透了，我还以为是她不肯帮这个忙，（当时我好似看透了人生，不就是那么一回事吗？）希望她能原谅我的想法（当然我没有表现出来，仍是很客气地谢谢她，且她还邀我去她家玩呢），于姑姑还问我读什么学校，我告诉她是“北一女”，她好惊讶，使我觉得她的态度都改变了，没有想到一个好学校的影响力如此之大！

最近北一女饱受攻击，因为大家对联考制度的不满，连带地也说我们北一女的学生骄傲，一股明星学校的明星味，看得我气坏了！这两天期考，考得真是焦头烂额，妈说我平时都不念书，到头来苦得要死，那我也没有办法，每次都发誓、立志，到头来却无法实现！最近台风“鲁碧”过境南部，不知有没有受到什么影响？门户要弄牢，衣服不要潮了，身体也要保重，不要贪凉，否则是会感冒的！不知您那边的生活环境如何？但如果蚊虫多，可买杀虫剂（如“灭飞”“克蟑”等）喷洒，再把门窗关上，闷一天，包（保）准（证）晚上回去时蚊虫死光光，当然我不知如此做是否适合！但一切要以身体为重。

公公有时与我谈佛理，虽然对年轻人来说佛家太消极了，可是我发觉“听”（当然我是不会看，也看不懂的）了对自己有益无害，我比以前迁就他人、体贴别人，尽量不发脾气，可能都是受了“佛”的影响。

我最重要的事还没问您呢！罗叔叔那里怎么联络日期啊？七月十日、十一日将至（我那时可能有篮赛，不过不管它了），不早通知，怕到时慌乱未妥！等您回信！祝安康。

佳佳敬上　一九七六·六·二十九

罗叔叔犹如一剂强心针

爸：

刚从《自立晚报》回来，心里充满了温暖与欢欣，见到罗叔叔，却觉得亲切得很，和长辈在一起的那份约束，也一扫而空，但心里也有些怕，怕会拖累他，带这么一个半大不小的孩子，总是不易的事。记得前封信吗？我星期二打电话给罗叔叔，他不在，第二天晚上（即昨晚）他就打电话给我了（为了这个电话，罗叔叔可是大费周章，因为我只留下了姓——郭，不过他猜一定是我，就打电话问于姑姑，而他只知我姓郭，小名佳佳，而于姑姑只知我叫本明，因此搞了半天，才查出如今我家电话）。

今天十点半到《自立晚报》与罗叔叔谈了半个钟头左右，因为去绿岛时间未定（日程约是九、十、十一日三天，只是确切时间没定），他说星期一（七月五日）晚再打电话给我（相信罗叔叔一定会写信告诉您的），那时我再告诉您确切的日期！罗叔叔真好，当我看多了人丑恶的一面时，看到他，听他讲话，却犹如一剂强心针，他还说如果有任何困难的话，可找他。我谢谢他的好意，真诚的！但是，我已学到了独立、坚强，一切靠自己的个性了！罗叔叔说您担心我，我很好，除了身体较弱外，其他都很好，妈对我更是无微不至，她每当想到总有一天我会离开她时，她总难过得流泪，她像每位母亲一样唠叨不休，但是她和我都知道，这是爱！妈总怪我，不让跟您说我要独自前去，她说："好像我一点都不关心你似的！"唉！可敬的天下父母心！记得小时候，她每每催我要写信给您，说您寂寞，要给您精神上的支持，可是当时我好傻、好可恶，竟吝于提笔写几个字！爸爸，不写了，只要您知道我过得愉快，您需要些什么（不要跟我说您什么都不需要，反正我一定会买的，只怕不适合，所以您自己说需要什么，那最好了），要告诉我！祝好。

佳儿敬上　一九七六·七·一

今日是大专联考，想想两年后的今天，就轮到我了，有些可怕！

父女相见在即，真怕再来一个台风

佳：

6／25，6／29两信谅收到，迄未接到吾儿和罗叔叔的回信，甚为惦念。于姑姑说罗叔叔常在高雄，如罗叔叔不能北返，则吾儿可乘对号快车先一天到高雄（要乘上午开出的车，不要乘夜车，这样我就放心），再同罗叔叔乘飞机到台东。你要立刻跟罗叔叔和罗妈妈商量决定。时间我希望提前于九日到绿岛，如果可能，你就要早一天到高雄了，我真怕再来一个台风。以后来信要用限时，航空也可以（我不知道航空邮资，听说是三元），绿岛因风雨频仍，常跟外界隔阻，平信延误太久（我的信箱号码现在改为八四五一）。

爸爸　一九七六·七·三

人生是永远看不透的

佳儿：

今天早上接到你6／29的信，午饭前又接到你7／1的信，十分高兴，悬念一扫而空。罗叔叔既已见面，一切听他的吩咐。过去，罗叔叔常到我们家来，你已不再认识他，这几年你是生活在另一个非爸爸所在的世界，见不到爸爸的老友了。你对于姑姑的观感实在太差劲，对人生的看法更是差劲。人生是永远看不透的，满口说看透人生的人，只是无可奈何地悲观而已。实际上没有人看透了人生，一个人掉到大海里，他说他看透了大海，他真的看透了大海吗？他只不过悲哀地将要淹死罢了。人生随着年龄的增加，痛苦的事也跟着增加，往往感觉到没有力量适应和克服，因而用悲观来使自己的心理平衡。吾儿去年来信曾说，真愿回到儿时那种无忧无虑的日子，其实孩子们也是有忧有虑的，你小时候，遇事总是攀着我的手臂大声喊："爸爸，求求你，求求你！"每一件事爸爸都答应，知道你那时童心的焦急。我们住在建国南路时，你只有四、五岁，看见别的小孩有辆小三轮脚踏车，喜欢得不得了，骑上去不肯下来，但那是人家的呀，终于哭哭啼啼被撵下来。当天夜间，你忽然从梦中爬起来，坐在床上哭着叫："我要脚踏车，我要脚踏车！"好容易才哄睡，爸爸痛彻心扉，第二天就凑钱到衡阳街买了

我不敢看您，看您一次，心就扭动一次，就像绞紧的衣服，压得我喘不过气来，你是那么瘦，瘦得轮廓深深地刻画出来……爸爸，放开些，不值得你伤心的事，你不要用烟和镇静剂来麻醉自己……

自我们家破以后，你已经开始承担，只是你尚不自知，因为吾儿那时太小了。此次前来绿岛，相信你会更能运用思考，现实是无情的，我们必须面对，非大智慧、大勇气的人，不能在夹道内转回驰马。现在，我们父女已经抹去了眼泪，让我们努力恢复正常。

一辆，你天天从早骑到晚，大街小巷，爸爸像跟班似的在后面跟着（后来我们搬到敦化南路，这小车你也玩腻了，被邻居一个有两个小女孩的父亲留下来）。这些事吾儿当然已不能记忆，我只是说小孩也有小孩的焦急，小孩也有小孩的痛苦，不全是无忧无虑的。我们不要因一个人伤害了我们的心，就认为所有的人都是坏的，尤其不可以一竿子打落一船人，有些事只是个人问题，不是“人生”问题。于姑姑是爸爸的好友，当她听说我出狱找不到保人时，立刻挺身而出，她不是如吾儿所说：“没有想到一个好学校的影响力如此之大”的缘故，她不过为吾儿没有因父被囚而流离失所，又考上北一女高兴而已。找到罗叔叔只是一种巧合，难道吾儿不是北一女，于姑姑就不找罗叔叔了吗？吾儿，要切记，不要用势利眼光看人，古书上有句话：“不逆诈”，就是“决不先疑心对方是心怀欺骗”。要诚恳待人，即令吃了某甲、某乙的亏，但对某丙、某丁以及其他人，仍然坦诚相与。你说别人说你们北一女学生骄傲，把你气坏了，但你竟以为一个“北一女”能改变一个老人的态度，这不是自己的骄傲吗？骄傲的唯一结果是失败，你要虚心再虚心，凡事都要谦卑。你是爸爸的幼女，你要避免一般最小女儿的习气。以上是看了吾儿6／29信的感想。7／1的信，吾儿的语气快乐多了，不由笑了起来，罗叔叔难道也是因你是“北一女”的学生才对你很好吗？我们父女都在哀哀无告的苦境，他们不怕麻烦帮助我们，只是为了友情、纯正的友情，我们永不可忘。吾儿在信中说到“爱”，爸爸过去为“爱”曾写过几本书，但我惭愧我错了，我们都忽略了一点，什么是真正的“爱”？真正的爱就是“义”，爱是在“需要”“快乐”的基础上产生的，一旦觉得不需要、不快乐，爱就没有了。“义”不是这个样子，虽然不再快乐、不再需要，仍不离弃。中国古语说：“义无反顾”“义不容辞”，没有“义”的“爱”，虽然亲如夫妇、子女，都经不起考验。这是一种高贵的情操，一个人的教养在这上面可看得出来，吾儿要培养这种高贵的情操。你从前写给我的信很少，那是你年纪太小，但吾儿每封信我都留下，成一个小册，从吾儿画鸦般的字：“爸爸，您好吗？”寥寥七八句，到现在大谈人生。时间固是可怕的敌人，也是可爱的朋友。我确实不需要什么，有一本《异域》是我用邓克保笔名写的，找一下看能否带来？我要呈报长官，不妨问问梁上元阿姨处有没有。如没有，就算了。衣服我都齐全，带来没有地方放置，只要吾儿能来，就是一切。好吧，带一瓶维他命B、一瓶祈富灵、一盒二天堂癣药膏，都用吾儿自己的压岁钱，自己去买，不可麻烦妈妈。绿岛连日苦风凄雨，有时飞机都停航，盼望早日放晴。你的病大概已愈，上天保佑我们吧。

爸　一九七六·七·四灯下

看您一眼，心扭动一次

爸：

从绿岛回来，心中的感受是复杂的，去与回的心情，同样沉重，但是所想的却完全不同，去时坐在飞机上，望着层层像棉花似的云朵，如火柴盒似的小屋，心中模拟着您的形象——记得去新店看您时，头发是全白的，然而形象模糊，仅靠着照片来揣模（摩），无法猜想见面时的情景，我想我会哭，可是望望现代化的机舱，却连一点想哭的情绪都没有！到了绿岛，从出租车远远地看到您，银白色的头发被岛上的南风吹得竖起，身子看似硬朗，却掩不住那份落寞，心里几次翻腾，眼泪自动地流下来，我不想哭——见面应是件高兴的事，但是泪水却不听话地直往下流！

我不敢看您，看您一眼，心就扭动一次，就像绞紧的衣服，压得我喘不过气来，您是那么瘦，瘦得轮廓深深地刻画出来，本来很长的脸更长了，不敢看您，我就一直看着桌面，定定地……不想再谈妈妈的事了，伤心的事回忆起来是很难过的，况且过去的已经过去了，事实已是事实——在飞机上，我整脑子的这件事，没有人能听了而无动于衷的，更何况是我，爸爸，放开些，不值得您伤心的事，您不要用烟和镇静剂来麻醉自己，“拿别人的罪恶来惩罚自己”是划不来的。十一日，因为是星期日，没有飞机到高雄，就从台东坐了五个钟头的汽车到台东（高雄），一路昏昏沉沉，想到我们离开的情形——十一号早上起来，心情无比沉重，看到您又躺在沙发上，心里的感觉是说不出的，您陪我是爱我，可是伤身体，唉！人是矛盾的，吃早饭的时候，一点味（胃）口也没有，心里又感激又难过，想说谢谢，喉头却又哽住了，因为我知道，当我说谢谢的时候，也是我走的时候了，心底一股敬意，油然而生，从前我是最讨厌穿制服的人了，可是如今观念全变了，真的彻底地改变了，总觉人是自私、利己、冷酷的，可是摆在我眼前的，却是那么的温和、友善和想帮助我的人。到了飞机场，您去称了一下公斤数，才五十多，心里更难过了，看着您比我还细的腿，就冲动得想哭！

上了飞机，心情跟来时一样的冲动，一样的起伏不定，您银白的头发仍是不听话地被吹散了，削瘦的脸上流露出一股爱怜，我的心像被撤（撕）碎了一般，胸腔好似狭窄了，一股气好像冲不上来，渐渐的人变成了小点，绿岛也仅剩下明显的跑道和树林，不久这一切又被深蓝的海所接替了，一切又回复了正常，晚上我将回到“家”，睡觉、起床……从高雄搭上了飞机，仍是来时的航线，仍是一个人，可是我发觉我的包袱沉重了，而内心也充实了，以前我是写给八年前我心中的爸爸，但是如今“他”却是那么的实在，有照片、声音，和那份八年来摸不到、感觉不到的“爱”。

《异域》十二日就寄去了，找到了五本，可是有一本已加圈点，另四本只有二本齐全，只是有些页已破损，所以我就剪接了一下，今天上街去买了祈富灵和维他命 B1，可是二天堂癣药膏在半年前就不发给许可证了（特地跑到联合药房去问的），您看有什么其他药品可代替癣药膏的？我再买买看！少抽烟，多补身体，不要再烦恼，少吃镇静剂（最好不要）。

祝健康！

佳儿敬上　一九七六・七・十四

诗，代我千言万语

佳佳：

自你十一日归去，预计当天下午可到台北，如果次日（十二）或再次日（十三）来信，爸爸也该接到了，可是迟至今天，仍无消息，幸报上并无交通事故的报导，但心中总是不宁，吾儿应先寄一封平安信，几个字就够了。汪乃效叔叔也很悬念（就是用车子接我们、领我们参观名胜、陪罗叔叔打电话、送我们到机场的那位胖叔叔——比爸爸胖，他最心爱的女儿比你小），他明天过海到台北，我恳托他打电话问吾儿情形，你要谢谢他。

爸爸　一九七六·七·十六

写一首诗，记我们父女一场相会，附寄，代我千言万语。

嘱女

千里来探父　父迎乍邂逅
茫茫两不识　迟迟相视久
父惊儿长大　儿惊父白首
相抱放声哭　一哭一内疚
父舌舐儿额　儿泪染父袖
睹儿思往事　利刃刺心薮
旧创初结痂　新创再毒殴
痴痴望儿面　父心泪中抖
环岛踏胜迹　汗湿裳衣透
儿或挽父臂　父或牵儿手
温泉洗双掌　绝壁听海吼
高崖攀灯塔　佛洞卜神佑
缠父打乒乓　父女大交斗
笑声彻屋宇　又如旧日友

儿居招待所　窗外荫椰柳

诸友屡邀宴　率儿起敬酒

明月照小径　父女并肩走

喁喁儿时事　指天询北斗

儿卧酣酣睡　父傍彻夜守

听儿呼吸匀　喜儿不解忧

儿虽已长大　仍是一孩幼

睡时仍踢被　不能自察纠

乘车惧颠簸　嘱儿紧抓绶

饭桌用饮食　嘱儿垂双肘

坐时儿弓背　嘱儿挺胸钮

食罢不刷牙　嘱儿勤加漱

隐镜疑伤目　嘱儿另选购

琐琐复絮絮　惹儿嫌父朽

二日匆匆过　留计苦无有

儿自凌空去　父自归窗牖

再视儿睡处　抚床泪如漏

小径仍似昨　父影独佝偻

重见尚无期　念儿平安否

自爱更自重　莫贻他人口

绿岛监狱的天井，在网状的光影里，空气都是窒息的。

爸爸接吾儿的来信，固然高兴，但刹那间又变为担心。当初爸爸在恋爱时，每接到从台中寄来的厚厚情书，内心就有要爆炸似的兴奋，因为它证明爱仍浓厚，可是刹那间又惊恐起来，惊恐那封信投邮后会不会有什么变化（十年后，爸爸在军法处狱中，又重复如此），直到第二次信来，再升起第二次兴奋，也再陷入第二次忧伤。联想过去的爱情，使我叹息，现在转为思儿的亲情，使我坐卧不宁。

像您那样抽烟，吓坏人了！

爸：

回到台北已经一个多星期了，在这十天的日子只给您去了一封信——似乎少得反常，也说不出为什么，每次提起笔来总会愣在那儿老半天，写了一行半就接不下去了，想到您就阵阵抽搐和更多的依恋，心想如果我们仍能携着手踏在敦化南路的红砖路上，那有多好，或是放了学陪您遛狗，那有多惬意啊！

台北的温度很高，比绿岛不知燠热多少，没风还好，有风的话都是阵阵热风，闷得很，连暑假作业我都提不起劲来，最近又感冒了，我想是热伤风吧。妈说我是贪凉，晚上要不是开电扇就是冷气的，我就对着猛吹，一吹就猛打喷嚏，于是就感冒了，再加上这两天篮球赛（手指头吃了“萝卜干”，脚也磨起了水泡），累得半死，所以感冒也无起色（不过今天好像好些了），白天我几乎都在睡觉，赛完球回来又睡，反到（倒）没瘦（本来还以为可以减肥的呢）。

分组考试合格了！那天（16号）到学校去领成绩单时知道的，不过紧接着就得吃苦了——因为理组班很苦，我身体又不好，真怕顶不住，我又不爱吃肉（只吃肉丝），蔬菜更别谈了，有时对着整桌菜，我却无从下筷，有时却会连吃两碗饭（只要有我爱吃的菜），真是暴饮暴食。

昨天（19号）和15号，罗叔叔都有打电话给我，本来想写封信去谢谢他的，也就在电话中说了，罗叔叔说他已和于姑姑见了面，他说于姑姑想见见我，而且他已到陈丽真阿姨那里去找爸爸的判决书，可是陈阿姨那里除了信件外就没判决书，罗叔叔要我问您，是否记错了？他还约我第二天（16 号）中午吃饭（还有陈阿姨），可是我不能去，因为 16 号返校还要练球，所以罗叔叔昨天打电话给我，他告诉我他今天要去高雄，可能下个礼拜才能和我联络！您有什么事要我转告罗叔叔的？可以跟我说！汪叔叔 17 号晚上打电话给我，因为已是晚上十点多，我已上床，是妈妈接的，以后就没打来了（妈妈说汪叔叔好客气）！

您要的药除了癣药膏外，都买了，可是我想和录音带一起给您寄去，您要保重身体，不要一直想过去的事，重要的是还未发生的事，少抽烟，我不反对您抽（记得吗？我最爱闻烟味了），一个人连一点嗜好都没有也是不好的，可是要少抽，像您那样地抽，吓坏人了！

保重身体！

佳儿敬上　一九七六·七·二十

不懂事的儿啊！

佳佳：

你 7 / 14，7 / 20 及寄的《异域》书二册，先后收到。我于 7 / 16 因吾儿归后久未来信，牵挂平安，曾去一信，附有一首诗，接到了吗？又，我于 7 / 14 写了三张十行纸的信，也接到了吗？（以后来信，切记要说明接到我何日的信，这事我已嘱咐了百遍，你总当耳旁风。）吾儿幼时，为吾儿抓屎抓尿，今吾儿长大，所能为吾儿做的，只有在信上谈谈一些做人做事的道理，凡爸做不到的事，绝不扳（板）起面孔训诫吾儿去做，凡要吾儿做的，都是爸爸做得到的。人生千变万化，看起来难以应付，但实际上只要基础不斜，纵有灾患，也必有成，即令生前得不到，死后也会得到，而且绝大多数都会在生前得到。但如果基础斜了，任何辩解都没有用。这一次父女相会，哭了很多，爸爸尤其一再落泪，“男儿有泪不轻弹，只因未到伤心处”，爸爸伤心的事太多、太重了。老年是一个回忆的年龄，所幸爸爸仍能展望将来，否则早已精神失常。爸爸睡在儿旁，固是看顾吾儿，免得踢被，然也是企图多一分钟与儿相聚，再见无期，能不珍惜？一个人迟早都要开始承担看起来承担不住的忧患，这就是人生。自我们家破之后，你已开始承担，只是你尚不自知，因为吾儿那时太小了。此次前来绿岛，相信你会更能运用思考，现实是无情的，我们必须面对，非大智慧、大勇气的人，不能在夹道内转回驰马。现在，我们父女已经抹去了眼泪，让我们努力恢复正常。药品和录音带，爸爸一再嘱你不要买，孝心爱心不在于此，因吾儿尚无经济力量，徒增吾忧，如未买，即不可买。照片如何？先洗出一张寄来。于姑姑和叶姑姑都要见见你（叶姑姑名霞翟，胡宗南夫人，现任师专校长，吾儿诞生时，她第一个送只炖鸡到医院给妈妈。我们常到她家，她也常到我们家，她的幼女比你稍大），爸爸已函请罗叔叔带你去见。在于姑姑隔邻，有一位冯伯伯（冯伯伯名放民，名作家，笔名凤兮），你也要去拜见。叶姑姑也是一位作家。还有一事，星光书报社印了《异域》（罗叔叔在高雄买了两本寄来），请吾儿转问妈妈，是否答应过星光老板这么做？收过版税没有？如有，当然很好。如无，爸爸将向他索取一点版税（我想，至少他应先付我们五千元），爸爸忘了地址，请打电话（星光，三三一四八一二）询问（语气要婉转，从前我常带你去玩，每次都拿很多连环漫画回家看），一并告知，他们不该利用爸爸的名字赚钱，却一声不响。汪叔叔打了三次电话才找到你，他是多么诚挚，你应谢谢他对你和对爸爸的照顾，你却淡淡地说没有，不懂事的儿啊！于姑姑垂怜我们父女的遭遇，爱护至切，吾儿行动言语要使人敬重，不要使人叹息。

爸爸　一九七六·七·三十

女儿替爸爸挑香港衫

爸：

昨天（三十一日）才从高雄回来，原定三十日从台南搭火车回来的，可是因为许多学员建议上第二大都市瞧瞧，虽然不久前才和罗叔叔逛过高雄的大统百货公司，但我仍然跟去了！二十七日到三十日在曾文水库野营队度过，可惜不太成功，因此大家都不想再来参加了，可见实在不好玩，吃的、用的、睡的设备皆不齐全，菜不够吃，洗澡水是冷的，毯子也不够，害得我回来后，妈说我脸瘦得像个猴子似的！拍了些照片，洗出后挑几张好看的给您寄去！

如今台北每天中午几乎都有一阵雨，既大且急，和台南一样（我在台南时，一到下午就下大雨，但是不久又放晴了）。上次寄去的东西都收到了没有？香港衫是我挑的颜色，皮带我也要他给我多打

今绿岛东北岸的柚子湖，白色珊瑚礁砂滩上的林投树，夕阳照射下，生气盎然。

了两个洞，希望能适合！也希望您能喜欢！祈富灵大概可吃三个月，吃完了就再帮您买！祝安康！

佳儿敬上　一九七六·八·一

和妈妈大吵一架

爸：

今天是八月八日“父亲节”，昨日听同学说今天要好好敲她爸爸一顿，不禁一阵怅然。

接到您七月三十日的信，已将近一个礼拜了，自己也奇怪为什么一直没有提笔回您的信，也许是心情使然吧？——我和妈大吵了一架，别担心，并不是自绿岛回来才有此现象，妈妈的脾气您是知道的，而我的脾气又是您和妈妈的结晶，简直就是翻版，甚至有“青出于蓝”的趋势，脾气之坏自己也无法控制，平日对妈妈的管教方式即已不满，再为了一件小事，因此一触即发，而闹得不可收拾。不过事情已经过去了，但是，对妈妈的那份敌意却始终无法退去，妈妈总说：我和她之间似乎没有一般母女的那份爱，虽然我是那么地感激她八年来的抚育之恩。我现在只希望将自己的功课弄好，等待您的归来——虽然我是那么地贪玩。

暑假已向尾声迈进了，妈妈整天唠叨着要我念书，但也奇怪，有您和妈如此爱好文学的父母，竟有我如此的女儿，也许是从小受了影响—— 动笔杆，薪水微薄且落得如此下场。再加上现在念书好似都为父母而念，为了考试而念，以前人念了书就是自己的，满肚子文章，而如今考过了就忘了，可悲！

前天罗叔叔带着我和他的女儿——罗慷和罗妈妈见了面，罗妈妈端庄大方，罗姐姐美丽风华，看他们一家其乐融融，还见到了陈丽真阿姨夫妇，拜望了于纫兰姑姑。叶姑姑赴美可能月底回，所以没见到，于纫兰姑姑还给了我五百元做见面礼，于姑姑人很好，虽然我们只谈了一会，但是我总觉得于姑姑像个男人——坚毅、豪爽！和陈阿姨谈得很多，一些往事、一些未来，我感谢陈阿姨夫妇对您所做的牺牲，患难见真情，世态炎凉而竟有如此之朋友，您虽遭此大难，又有何虑。罗叔叔说冯放民伯伯对您的事好像不能说上什么话，就没去拜望他，前天罗叔叔陪我跑了一整天，中午请我吃西餐，晚上还饿着肚子到我家来调解我和妈妈的矛盾，我心中的激动、感谢无法溢于言表！

七月四日、七月十六日的信我都收到（前天看了在陈阿姨那里您和我、妈来往的书信，从前您也说过我把您的话当耳旁风，到如今仍未记住，该打！）妈妈说她不知道星光书报社的事，明天或后天我就打电话过去。

今天是父亲节，这张卡片我已买了许久，我很喜欢那份乡村的自然和纯朴，将来积点钱，等您出来，我们就搬到乡下造间木屋，依山傍水，与世无争，养些小动物，如果我是学医，就在那救世济贫，这种生活不也是恬淡舒适吗？这张卡片是 Birthday card，但我于今日送给您，祝福您！

佳儿敬上　一九七六・八・八

少抽烟！

希望不致泼我一盆冷水

爸：

台风终于过去，给您报个平安，然而这次的台风“雷声大，雨点小”，虽说是强烈台风，但总觉没有以前那么刺激、紧张。也许是我比较福气，没有担心害怕的命，据说九日晚上的风吹得床都摇动（大概是房子动），但我一点感觉也没有，睡得像个小猪似的——其实平常我也是个夜游神，通常都十二点多才肯睡，有时也会听音乐到两三点，但奇怪的是昨晚我竟睡得不知外面的狂风暴雨。一大早醒来已是“风平浪静”，没风也没雨，竟然还出了太阳，七点多，婆婆从台中打电话来说台中正在刮风下雨，客厅还积了水，和台北真是迥然不同。我想台风对绿岛大概没什么影响，因为时时注意气象，相信绿岛没受影响！

最近又和妈妈提到买脚踏车的事，因为最近实在没事，经常向同学借了车子骑出去玩，但总觉老向别人借车不好（我都向郑绍颖借），别人不在意，自己心里却也不舒服，当然买脚踏车将是自己出钱（我有些存款，不多，但足够买了），已和妈妈商量好了车停在哪里，如何摆。只差您的同意了，记得初中时问您可否买脚踏车时？您说要等高中再买才合适，如今问您，希望您不致泼我一盆冷水吧！

暑假已过了一大半，功课泰半都在赶工中，颇累人的，心想到了二十四日一切都将恢复正常，快开学了，一切又将陷入忙碌，但是这次的暑假却是我这一生中最值得回忆的。祝安康！

佳儿敬上　一九七六・八・十

为了您的身体和我，您要少抽烟。妈刚才还带我到走廊去看如何摆脚踏车，心里异常高兴。

今天是中元节，有些阴森。

敦化南路的房子经过了七天的整修，花了一万多元（一万一千元），可见前租户破坏的情形（未修前我曾去看过，有些阴森森的，孩提记忆已不复见），不过您放心，又租出去了！

爸爸去世，信就是遗言

佳儿：

一直在盼望吾儿的信，一天天过去，我开始有一个预感，我们父女间的信，有人截留。这预感不是没有根据的。记得从前，我写的信往往如石沉大海，所以我一直嘱咐你来信时一定要提及接到我某日的信，不可忘掉（当时我只怪吾儿粗心）。稍早，2 / 28 我写的信，吾儿始终没有见到。最近，7 / 4 我在吾儿来绿岛四天前写的一信，你离台北前还未见到，回台北后，也未提及。今天，接吾儿 8 / 10 的信，果然，我 7 / 16，7 / 30 写的两封信，全未看见。是以，自吾儿返台北迄今，一月有余，未接爸爸只字了。2 / 28 的信，时间太久，不再说它。7 / 14，7 / 16，7 / 30 三信，现在重抄一份寄出。（7 / 4 信的底稿，吾儿在绿岛时，我拿给你看过，但仍抄一份。）（7 / 16 不再抄信，只抄寄的诗，抄此诗时，父女短短相聚之情，又浮眼前）。以后爸爸的信都编号，这封信应是（17）（我自移此地，已给吾儿写了十六封信了），这样，

希望如吾儿所说，把爸爸的信保存起来，万一爸爸去世，也是遗言。

吾儿就可知道缺哪封信，爸爸就再补寄，希望如吾儿所说的，把爸爸的信保存起来，万一爸爸去世，也是遗言。吾儿已来了十七封信了，再来信可编为（18）。我的来往信件，都装订成册，每日翻阅，无限慰藉。你要买脚踏车，也好，价钱多少？来信告知，作为爸爸送给吾儿的生日礼物吧（如果星光付款，正可购车，如果不肯，爸爸再寄）。这封信用挂号寄，应该不好意思再遗失。其他的事，容下次再谈（抄诗抄信，手痛腰酸）。

爸爸　一九七六・八・十三

看您憔悴，心都碎了！

爸：

今午接到您的挂号信，吓了一跳！一封信沉甸甸的，打开一看才知道您把 7 / 4，7 / 16，7 / 30 三信重抄了一遍，我没有打底稿的习惯，可是我记得 8 / 8 寄出信中曾提及接到前三信，因为我记得我说：以前您就说我，到现在还没改过来（大意如此），以前刚从绿岛回来，也写了一封记述此行的信给爸您，又不知您接到否？看您抄了那么一大沓的信，拿在手上还沉甸甸的，殊不知写时的辛劳，心里很难过，也很惭愧，心想一定是 8 / 8 信中忘了提了（不过 2 / 28 的信一直没有收到）！ 8 / 8 的信是一张卡片，因为是用平信寄的，因此可能比 8 / 10 的信晚到您手中，相信您看了一定恍然大悟！

今天返校，最近虽然有出去玩，但在家的时间也颇多，就是提不起劲来写作业，结果昨天为了赶作业，弄得手脚麻痹，头昏脑涨！每天下午都有一场大雷雨，而今天例外，虽然很闷热，不知绿岛有没有如此？明天请三位同学来家中吃饺子，有一位是侨生，我很同情她——只身在外，经常去陪她，还送了她两瓶蜂蜜！

如今夕阳西下，阴沉的天空，居然也透出太阳的光辉，《少女的祈祷》（如今垃圾车多用此音乐）在外响着，蝉声也大的（得）惊人，听说已是秋天了，但夏的气息却炎热得怕人！给您寄去的包裹和照片都收到了吗？衣服要穿，放着也可惜了！

这封信写应为（19）封，因卡片您没收到，收到了是（18），所以这封信应算（19）！祝安康！

佳儿敬上　一九七六·八·十四

脚踏车我想还是我自己出钱，钱您留着保养身体，看您瘦得憔悴，心都碎了！看您抽烟如此凶，心里更难过！

终于买了脚踏车

爸：

终于将脚踏车买好了，真是几经波折，妈妈是最大的阻力，她最怕我骑了车满街乱跑！其实如今我也不会了，以前年纪小，骑着车子横街（冲）直撞，啥事都不怕，可是如今年事稍长，每逢十字路口，总会小心翼翼，也不跟大小车争了，“安全”至上，争什么争呢？因为将零用钱花在脚踏车上，如今要“节衣缩食”在家呆着了！

最近天气炎热，有时睡午觉会被热醒，出了全身的汗，不知您那里热不热？记得在绿岛时，晚上到（倒）是挺凉快的！

相信您8／8，8／14的信都收到了吧，自您13号的信后，我就没收到信了！敬祝安康。

佳儿敬上　一九七六·八·十八

有能力助人最快乐

佳佳：

我8／13的挂号信接到了吗？那是接到吾儿8／10限时信写的。数天后，再接到吾儿8／8的平寄信。我曾告诉过你，绿岛有海相隔，风浪无常，船期不定，信件必须用限时或航空才行，如用平信，中途可能停滞太久，这次就是一个例证——8／10限时先到，8／8平信晚了数日。如果都用限时，8／8的信先到，我就不会抄信抄得头昏眼花了，这就是吾儿疏忽之过。三封信都收到甚好，爸爸非常难过有那种被截留的猜测。只因吾儿每次来信都未提及，也难怪我焦急，受苦太久，精神恍忽（惚），邮差先生会谅解的。罗叔叔、于姑姑处，我已修函致谢。妈妈在最后一次探监提出离婚时，对爸爸的朋友愤愤责备，我回答说："亲爱如妻子，都把丈夫遗弃，我们怎么能责备普通朋友呢？（爸爸那时还不知道朋友离去的真实原因。）"你母瞠目良久，接不下话。爸爸朋友中当然有很多人掉头而去，但也有很多人留下来看顾我们父女。我们对那些掉头而去的人，不必怀怨，对仍留下来看顾我们父女的人，要永铭心头。吾儿在绿岛时，曾面告过吾儿："一个人如果做出的是肮脏卑鄙的事，就不能责备世人不向他欢呼。"凡事我们要多自责自省。吾儿因何事跟妈妈争吵？爸爸一再告诫你，要爱妈妈，要对林敬琪先生敬重，多体谅他们，爸爸送给他们二位的薄礼，代转送了吗？敦化南路的故宅，你去过，已装修好未？那深嵌入墙的高大书架、那爸爸用的大书桌、桌上的大玻璃板、会旋转的沙发椅、那爸爸设计的一些壁灯、那间爸爸的书房，是否仍是原样？故宅的一石一木、一桌一椅都是爸爸灯下伏案（那时儿已酣睡），一个字一个字写出来的，希望将来妈妈把房子传给吾儿，作为吾儿的嫁妆或出国进修的费用。你说爸爸的写作生涯"薪水微薄，而且落得如此下场"。又说"有你和妈妈如此爱好文学，竟有我如此的女儿"。我的下场还没有到下定论的时候，而且，我们不能因岳飞惨死在监狱，竟认为连忠臣都不能做了。妈妈实质上并不爱文学，当住在通化街时，我们的生活苦（干姐姐的妈妈可讲给你听那时的故事），我告诉妈妈："王宝钏在寒窑度过十八年，我们这苦算什么？"妈妈说："那是文学作品，不是人生。"妈妈把现实看得很重，爸爸却充满理想和信念，妈妈因之常批评我是"老天真"，所以，她如彼，而我如此。外国文字容易学，一个受普通教育的孩子，都可写得流畅。中国文字运用困难，有些大学毕业生连信都写不通。吾儿的表达能力出乎爸爸意料之外的好，我既高兴又骄傲，吾儿不必从事写作，但要会写。你考取理组，太好了，将来学医，切记，不是为了与世无争，而应该是为了救人。世上最快乐的事情和最高贵的品德，莫过于帮助别人，而又有能力帮助别人。如果学医不成，宁可学法，去当法官，道理也是一样。寄上照片两张（有罗叔叔的，我直接寄给他了），这是汪叔叔照相机拍的，另寄上底片七张，请吾儿加洗两张，一张吾儿留下，一张寄给爸爸。你照的呢？怎么一个多月没有消息，要迅速寄来，可能我还要加洗。星光老板的名字问出来了吗？

爸爸　一九七六·八·十九

（信刚写好待发，即接吾儿8／14，对我所问的照片、星光老板诸事，只字不提，太漠不在意了，难道打个电话的时间都没有？然而更有别的事使我忧虑，俟我心情稍宁，再写信给吾儿。）

在眼泪中改正自己的错误，就是刚强

佳佳：

我写此信时，心情沉重，比我刚从监狱移送来此军营时的心情，更为沉重，在没有写到正题前，我先告诉你一个故事。妈妈在中学时，一位女同学跟另一个中学的男同学恋爱，他们声言他们是普通朋友，结果怀了孕，男学生的父母把那女学生痛恨入骨，因为她毁了他们的儿子。女学生的父母忍受不了这种羞辱，也不再理她。二人被赶出大门，在外面租了一间房子，生下一个女儿，丈夫中途退学，无力负担家庭生活（你知道维持一个家多么困难），天天打他的小妻子，最后更遗弃了她，跑回父母跟前继续学业。可是那女学生有一个女儿牵累，不能再上学了，也没有合适的学校可以上了。爸爸妈妈曾去看过她两次（似乎也住在泰顺街），见到那只有三四岁的小女儿在巷子里天真无虑地跑来跑去，不禁心伤。后来听说这个年轻的妈妈去演话剧，再以后就没有消息了。我忘了她的名字（好像姓马），你一问妈妈便知。我说这个故事，是要把我说的正题告诉吾儿，一个男孩子做错了事，失身堕落，一旦醒悟，仍是一条好汉，前途仍无限光明，俗话说："浪子回头金不换"，反而交口赞扬（我想那位男学生可能已到美国得了博士，成了学人，受尽荣光）。可是，一个女孩子，一旦不能控制自己，失身堕落，她就成了残花败柳，"再回首已百年身"，就永远完了。这是上帝先天上的不公平，人类本身无力改变。可惜我是最近才体会到这些，在过去写作时，还没有如此深刻的认识。爸爸是饱经忧患的人，告诉你的不是老生常谈，而是眼泪和遍体鳞伤的感触，但爸爸并不世故，也不老奸巨猾，我不但要把这话告诉你，还希望告诉天下所有的女儿和所有有女儿的父母。这些话可能使吾儿莫名其妙，那就太好了，但爸爸确实是忧心重重。吾儿交男朋友没有关系，而且越多越好（越多越有选择余地），但你要公开交，到他家或到其他地方去玩，当然可以，但一定要带回家，家中虽没有爸爸，可跟妈妈一齐玩，最主要的是，不要使自己失去控制。婚姻的事，要等到大学毕业之后。爱情并不绝对可靠，爸爸妈妈就是一个例子，爱情要有"义"作为基础，太年轻往往没有责任感。我说这些话，可能被吾儿笑我胡思乱想，我正希望我被吾儿嘲笑，只是你要把这话记在心头，将来用以教训你的子女，和教训两位哥哥本城、本垣的子女。听说你跟妈妈争吵，不但争吵，而且还对打，连落地门上的玻璃都打破了。又听说你出去找男同学，不告诉妈妈，不准妈妈打听。这些事传进爸爸的耳朵，吾儿，不可如此、不可如此！但我知道你为什么如此的原因，有一个隐痛在你心中，逼你如此。我想为吾儿分析一下，犹如外国的心理医生在分析他的病人一样，希望在找寻到病根后，病能霍然而愈。吾儿是在一个畸形的家庭之中，爸爸入狱使你心灵受创，在学校和在一些势利的人之前，你会受到排斥，但是儿啊，你要内心坚定，相信爸爸终不会使你蒙羞，而对于妈妈的行为你逐渐感到羞辱，因你妈妈抛弃了正在狱中受苦的爸爸（尤其是爸爸入狱只一个多月），这使你在同学们面前不得不避免谈到父母，从前你小，可以说“爸爸到美国去了”，但妈妈身旁那个男人又是何人？你不能作任何解释，只有任凭同学背后议论，这种自我压制使你开始憎恨，对家憎恨，对自己憎恨。妈妈解释她如此做的原因是“有谁管我们”？于是你再憎恨爸爸的朋友，憎恨社会上所有的人。你没有力量解开这个结，除非妈妈给吾儿一个正常的家，而这是妈妈所办不到的。你离家不归，妈妈打电话到处找你，这是爱你，没有一个人（包括同学的家长）会认为是“不给你面子”，他们只会羡慕你有一个这么关心你的妈妈。但这反而使吾儿冒火三丈，如果是“林敬琪叔叔”出面，恐怕吾儿的火更大，那是为了什么？你只是不愿别人了解你家庭的内幕而已。你曾竭力地要自己不要想，不要面对现实，甚至美化现实，但到头来仍不得不想，压制了太久的失望和愤怒，使你总是乘机发泄，否则你会疯狂，这个担子超过你能承受的，于是你用“不归”来抵制这个家，于是你去找男同学，故意刺伤母亲，于是你和妈妈对吵，甚至你想脱离这个家。你8/8信上说过这么一段：“对妈妈的那份敌意，始终无法退去，妈妈总是说，我和她之间似乎没有一般母女的那份爱。”我当时并不觉得什么，现在才知道事因的严重，妈妈对吾儿的爱，可以说超过任何一个母亲。有一次，妈妈凝视着你酣睡的小小身体，对爸爸深情地

“刚强”和“一意孤行”外貌一样而实质不一样。我有错时，在眼泪中改正我的错，这才是刚强。儿啊，爸爸的名字绝不使吾儿蒙羞，吾儿千万不要使爸爸蒙羞，吾儿要真正的刚强，爸爸和爸爸的朋友都了解你的心情，都看重你，你不孤单。

说：“我真爱佳佳，我愿为她舐屎。”说着要舐，我笑着喝她：“别傻了。”你们母女应该天天抱着脖子说个没完的，为什么变得如此疏远，吾儿从绿岛回去，不能向妈妈倾诉你跟爸爸相聚的经过，没有人关心吾儿所关心的爸爸，没有人关心吾儿苦闷的心情。你的精神一天到晚恍惚不安，好像蜻蜓一样，只能点水，不能长久地停下来，脾气自然越来越坏，你是向一个你无力击败的黑影搏斗，你不惜用毁灭自己的手段使妈妈受苦，爸爸这个心理医生分析得对吗？你已到了可以分辨是非的年龄，也正是心理学上说的叛逆的年龄。爸爸要告诉你，妈妈不是坏人，她之所以如此，是她不甘寂寞而已，哲学家黄梨洲说过：“不甘寂寞，何事而不可为。”她现在不是不愿回头，而是她自己制造的环境不允许她回头，她能把林敬琪先生三言两语地打发走吗？她能有把握爸爸毫不在意吗？吾儿要体谅她的苦衷，她的良心正在惩罚她，社会正在排斥她，吾儿何必再使她痛苦。爸爸到今天这个地步，除了自责外，不怨任何一个人（假使爸爸不出事，妈妈何至如此？一切过错都在爸爸身上），吾儿也要训练自己，学习宽恕。你想到没有？你要搬出家，搬到什么地方去？我想可能有人向你提供地方，假如有的话，儿啊！那就是一个陷阱，现在的家还没有到你非搬出不可的地步，如果到了那个地步，爸爸也主张你搬出去，但要爸爸为你找地方，人世危机四伏，你还没有能力应付。你不是说要等爸爸回去吗？那么，你就要专心祈祷上苍，保佑爸爸早日回去，在爸爸回去前，千万忍耐，要想到爸爸回去后，我们父女欢乐的日子，我们再手挽着手走过敦化南路，我们共同去探望我们的故居，我将带你去复兴小学，和吾儿共荡秋千，我还要跟你的男同学一块玩，到那时，你就能够挺胸扬眉地介绍我：“这是我爸爸。”在等待爸爸回去的这段期间，把感情和全部注意力放到盼望上、放到功课上（理科的功课是多么吃力，专靠聪明是不行的）。虽然妈妈的行为使她丧失管教你应有的尊严，但她仍是你的妈妈，固然不能因她是妈妈便抹杀是非、颠倒黑白，也不能因坚持是非黑白而抹杀妈妈。吾儿不是说要刚强吗？“刚强”和“一意孤行”外貌一样而实质不一样。刚强就是争气，我偏不堕落，我偏要用功，我偏要忍耐，我偏要修身上进，使那些轻视我的人尊重我。我有错时，在眼泪中改正我的错，这才是刚强。注意，不要贪小便宜，包括物质的和精神的——在不甘寂寞的心情下，贪人们的同情和尊重，也是危险的，你要守身如玉。儿啊，爸爸的名字绝不使吾儿蒙羞，吾儿千万不要使爸爸蒙羞，吾儿要真正的刚强，爸爸和爸爸的朋友都了解你的心情，都看重你，你不孤单。一切等爸爸回来，有什么事应像儿时一样，都向爸爸讲。

爸　一九七六·八·二十

爸爸仍是吾儿最可信赖的盘石

佳儿：

我 8 / 19 的信接到了吗？我要吾儿办的事：一、照片，二、星光老板，三、你在绿岛记在小簿子上向张姑姑要《宝岛长虹》，都办了吗？你有时间出去玩，却把爸爸的事丢在脑后，你知道爸爸在盼望吗？照片寄来几张之后，就再没有消息。星光只要打个电话就可解决，也如石沉大海（向张姑姑要书，不要办了，我已自己去信了），但上两件事，你将什么时候做呢？或是永远不去做呢？吾儿的心神飘浮，不能定下来，这是我最难过的。爸爸又于8／20写了五张满满十行字的一封长信给吾儿，因恰给罗叔叔写信，所以装在他信封里请他代转，吾儿可马上乘出租车到罗叔叔家去看，顺便和罗愫姐姐玩。希望吾儿沸腾的脑海静一静，把8／20的信仔细的多看几遍，然后写封回信给爸爸。你现在没有地方可以倾吐你内心的苦闷，只有给爸爸写信。你小时候受一点委屈，都要找爸爸，现在爸爸虽不在你身边，仍是吾儿最可信赖的盘石，不要有任何隐瞒，不要骗爸爸。又在你小时候，报上常看到一些坏人欺侮小女孩时，总是对小女孩说："你不可告诉爸爸，不然爸爸会打死你。"我曾再三向你叮咛："那话是故意吓人的，你做什么，爸爸都不会打，千万不要瞒着爸爸。"你每次都很严肃地点头，现在也是如此，用以避免吾儿受更大的委屈，爸爸自问是一个开明而明事理的人，我们父女之间不会有代沟，爸爸永远是吾儿的保护人和知己朋友，因为我总回想到我儿时和我年轻时的错事，这使我对孩子们有太多的怜爱和太多的宽恕。你和男同学来往也要告诉爸爸，他们什么名字？哪里人？在什么学校读书？怎么玩法？爸爸都不反对，反而还会为吾儿出主意呢。你跟妈妈争吵，又发威风，也要把细节告诉爸爸，不妨也向爸爸发脾气。8／20的信，吾儿一定要仔细地看，能耐下这份心吗？我怕你草草的一目十行。再说一件你小时候的事，你有一个奇怪的毛病，常一个人静悄悄地躺在沙发上，独自默想，妈妈惊叫我到客厅："快来，看佳佳怎么啦？"抱你起来时，你总是一身大汗，怕你受了惊，怕你小心灵有什么痛苦，细语问你想什么，你只一味傻笑。这迄今仍是一个谜。现在这种毛病恐怕已没有了，你忽然“野”起来，爸爸就是要你能多想一想。吾儿要刚强，我再补充一下刚强的意义。刚强不是横眉怒目，不是发狠拼命。刚强是和平的，发自内心，是用流着热泪的耐心力争上游。举个例子吧。一个吸食毒品的人，无视人们的批评，不管自己受害，“天变不足畏，人言不足恤”，硬是非吸毒到底不可，那不是刚强，而是自甘堕落、一意孤行。只有把吸毒戒掉，把身体养好，重新做人，才是刚强。吾儿是选择什么呢？脚踏车需多少钱？（你压岁钱还有多少？）何日开学？爸爸听吾儿的话，少吸烟。

爸　一九七六·八·二十三

药接到，衣服（香港衫）、皮带也接到，大概吾儿看到爸爸的衣服皱了破了，那还是八年前爸爸在家时穿的旧皮带，也是故物，虽旧仍不忍丢弃，难得吾儿观察得那么仔细。

我和妈妈之间的感情很奇特

爸：

星光书报社老板仍是林紫耀先生，地址：台北市中华路 2 段 39 巷 14 弄 26 号，可是据说林老板出国了，九月初才会回来（我没有告诉他我是谁，只说有书要出版，希望知道老板的名字）。

这封信拖了好久才写的，总是一拖再拖，心里总很内疚，因为您托我办的事都没做，所以提起笔来惭愧万分。你寄来的信及底片都收到了，因为买了部脚踏车，身上所剩无几，再加上最近又常去游泳，一次的花费颇多，而我又没有向妈要钱的习惯，所以照片我打算九月领了零用钱后去洗，而我这边的底片除了连同包裹给您寄去的几张之外，其他不是洗不出就是模糊不清，所以我到（倒）是没有打算加洗（这次照的成绩颇不理想）。这是照片和星光二事的交代，这封信早该写的，如今写了，心中那块石头、肩上的责任终于卸下来了！

和妈妈吵架的事，真是说来话长，到了绿岛，自己也不知道为什么要那么激烈地为妈辩护，说句实话，我和妈妈之间的感情是很奇特的：好的时候她宠得我像什么似的，吵架了，我们却像多年的仇人，三五天甚至十天半个月的，两个人打冷战，妈有时很有感触地说："为什么我们母女的感情跟其他的母女不一样呢？"这我也说不出所以然来，只是我知道我非常痛恨妈妈那种紧迫盯人的方式，如果说这是她对我的爱，那么我可以坦白地说：我承担不起，您试想想，我放假在家，她一天总要从办公室打五六个电话回来，好似我会随时跑出去玩似的，而男同学打电话来，她又连声斥责，有时又会很恶毒［岂（起）码我受不了］地说我一天到晚到外招蜂引蝶，我难过极了，不错，如今男孩追女孩在我们这个年龄已经是很普遍的事了，但是我自信我还能把持得住自己，说句老实话，我不是一个丑女孩（我初中毕业纪念册上，导师给我的评语是：妒风笑月，佳人难再。当然我也不会自恃自己的容貌），追我的男孩也不是没有，可是从初中到现在，从没有发生任何事，更没有因此而影响了我的功课。追我的男孩，大多是慕名而来，我都不认识，而这种男孩子绝不是什么好孩子，居心亦不良，像这种人打电话来，我只会惋（婉）拒（我也不愿大吼大叫的，让别人以为我很傲），可是，如果是小学同学或是郊游（如今高中生经常两班——一班男校、一班女校的出去郊游）认识的男孩，我自然把他们当成女孩似的相处，否则不是小家子气了吗？有时会在篮球场上认识男孩子，我相信会把时间放在运动上而不是声色犬马中的，应该不是坏孩子。而我们玩些什么呢？小学同学通常都是郊游、聚餐、看电影。球场上的呢，大都是打完球一同去吃冰或是看看电影，如此而已，在一起玩得正常，思想也正确，否则我不是早就掉到“爱”的泥沼里而无法自拔了吗？而且前途究竟是重要的，如果现在就喜欢上了某人或是不能自拔，那么功课一定会退步，况且这么早就将感情付出，岂不很傻！而我和妈妈吵呢，也是为了男孩子，这次自强活动，我到了曾文水库，结束时又临时和同学跑到高雄去玩，可是人生地不熟的，就由两名住在冈山（父亲都是空军）的男孩陪同游历高雄，晚上就坐夜快车回台北，而他们又很客气地送了我们二瓶蜂蜜，结果其中有一位男孩要到台北来玩，我和那位同学（叫做吴国珍）负责接待，而那男孩我们都叫他小弟（因为他长得矮矮小小），到了台北后又送了我们四瓶蜂蜜（冈山名产），而小弟晚上打电话（八点）给我，希望我和吴能陪他逛逛台北的闹区，那我当然是义不容辞，结果引起妈妈的反对，就吵起来了，而我又觉得如果我不去很对不起朋友，所以就一发不可收拾，而致吵得天翻地覆！

我希望妈妈没别的，只是希望她信任我。暑假将过，开学之后生活又将步入常轨，到那时就没时间玩了。

9／2驻（注）册，9／4开学，脚踏车二四五〇元，压岁钱只剩一百元，可是您别寄钱来哟，否则我会心不安的！您举的例子，相信我会选择后者，因为一意孤行害的是自己，可是振作之后，以前瞧不起你的也会另眼相待，最后最有收获的是自己！皮带会不会太松，香港衫你喜欢吧？药要按时吃！祝安康。

佳儿敬上　一九七六·八·二十七

你漠不关心，爸爸再无他法

佳佳：

8／18信收到，脚踏车买了，骑车时千万小心，要注意斜刺里冲出的汽车，转弯时一定要沿边，要慢，不要争强抢道。吾儿这封信仍没有提到星光老板，我是7／30教你询查的，足足一个半月，你抛在脑后，好像心安理得，怎不使爸爸难过。现在不要你打听了，我在“全国图书目录”附录全国出版社中，看到他的名字——仍是林紫耀先生，对吗？我希望吾儿藉此训练一下你独当一面的能力，由爸爸写一信，交吾儿持往交涉讨取版税，（请华妈妈陪你也可，我教你代我向华妈妈致谢的话，你说了吗？）你如没有这份勇气，就作罢，我直接去信。如有这份勇气，我就把信寄给你。吾儿8／8，8／14信均接到，爸爸对吾儿的信，都有详细的回答，不像吾儿对爸爸的信，一掷了之。我7／4，7／16，7／30的信，絮絮地谈了很多，你从未提及一句感想。如果嫌爸爸写得太长，我以后可以写短一些。我8／19，8／20，8／21三信大概都已寄到。还有一件事嘱吾儿要办的，前天，梁上元阿姨送我一架卡式录音机（我向陈阿姨托陈叔叔打听价钱，梁阿姨看到信，就送给爸爸一个，

绿岛「海参坪」为一爆裂火山口残留，爆裂火山口就构成了所谓「哈巴狗」、「睡美人」等地形景观。

真漂亮，比我们家的那个漂亮多了），我非常欢喜。记得吾儿在绿岛时，爸爸曾问到家里保存的那些盘式录音带，吾儿说还在。请立即把它们找出来，看看多少卷，来信告知。我已去函陈叔叔把它们转录到卡式录音带上（等回信后，我再函你送去），爸爸希望再回味一下十五年前的往事，那录音带上有你小时的儿语、过生日时小朋友的贺语、爸爸的小说《旷野》连播一个月的全部录音和中广公司对爸爸访问的录音。卡式带容易保存，将来吾儿也可听听。爸爸请吾儿办事，都是非吾儿办不可，而且并不困难的事，如果你漠然不关心，爸爸就再无他法了。何日开学?

爸爸　一九七六·八·卅

吾儿自爱，爸爸放心

佳儿：

8 / 27信接到，吾儿能自爱，爸爸就放心。我曾答应吾儿过生日时寄两千元作生日礼物，现在你生日就要到了，我还没有钱，要到月底才会有，届时当补寄。祝吾儿生日快乐。

爸　一九七六·九·十四

觉得世界不再冷酷

爸：

好久都没有写信给您了，不是没空，只是整天精神不能集中，空闲时总是胡思乱想，一点正事也没做，那么久没接到我的信，相信您一定急坏了，我自己也不知道是怎么回事！

刚刚写了两封信，一封给梁上元阿姨，一封给孙观汉伯伯，我实在不知道如何表达对他们的感激之情，如今这世上像他们这样的人实在少之又少，然而如今却有这么些人表示对您和我的关心，使我的人生看法也大大转变了！记得我去看您时，总免不了有些偏激，有些激动，以为这世上的人都自私、可恶，可是我遇到了汪乃效叔叔和那儿所有关心、照顾您的军官，还有罗祖光叔叔、陈丽真阿姨他们，使我觉得这世界不再是那么冷酷、那么现实！相信您一定有和我一般的感触！最近烟应该没有抽得那么凶了吧？婆婆都戒烟了，她老人家抽了大半辈子的烟，居然能说戒就戒，实在了不得！希望您多替自己的身子着想，烟可以抽，但要有节制！

维他命丸和祈富灵都还有吧？没有要告诉我，药钱是省不得的，也千万别说麻烦，因为这是我做女儿的本份呀！

双十节我们又要“排花”（不是“排字”，是另一种花样），但比排字累，因为排字是坐着，而排花是站着，真怕我会支持不住！月考是十月十三、十四日，国庆之后又有得忙了！梁阿姨送您的录音机，您打算如何应用？需不需要录音带？来信时告诉我！祝好。

佳儿敬上　一九七六・十・三

吾儿选的香港衫正合适

佳儿：

寄上两千元，如不够用，可来信告知。如有急需，可随时去找罗叔叔或梁阿姨先借（梁阿姨住青田街五巷三弄七号）。林紫耀先生处，因久未接吾儿来信，我已直接去信了。吾儿一月无只字，使爸爸挂念。天气渐凉，吾儿上次寄来的香港衫，爸爸已穿上，大小正好，难得吾儿记得爸爸是一个高个子。

爸　一九七六・十・四

生化学老师的气

爸：

接到您的挂号信和三千元（与您所说的二千元不符），看到您寄来的汇票，我真是难过极了，因为这些钱您赚得不易，且似乎应是我寄钱给您花用，而如今整个反过来了，我想这些钱可给您买药和我每月的补习费（因我每月补习四百元，总觉得花得过意不去，如今可避免伸手向妈妈要钱的机会了），但是以后您别寄来了！我实在是感到惭愧！

最近，每天总是离不了排花，很累人，所以回家后不能念什么书就睡了，觉得（倒）是睡了不少，书却碰也没碰。您一定奇怪为什么有一个月我都没写信给您，唉！一言难尽，前几个礼拜心情之恶劣使我无法安下心来写信给您！说来说（话）长：前几个礼拜的下午一、二节是化学实验课，因为那一阵考试繁多，而且又是下午一、二节的课，因此同学个个睡得迷迷糊糊，所以到实验教室就迟到了，很不巧却引起化学老师（代课的，原本的老师请产假了）雷霆之火，因而记了我们班长二节旷课且赶她回教室，不让她实验（因为老师说她态度不好……等等，其实她当时根本没睡醒，所以有些迷糊！）而因我是康乐股长，因此点名单由我管（旷课是要记在上面的），放学之后他就到训导处查看我记了班长没，（小心眼！）可是当时我没交，反正隔天早上交亦可，因此就拖到礼拜五的下午才交，更不巧的是，他礼拜六又跑去查，而管点名单的老师把我礼拜五交去的点名单放到礼拜四的去了，因此他乍看之下：怎么？变成另一张了？所以他就说我伪造文书，包庇班长，跟他解释一点用也没有，根本不听，还说要记我过什么的，幸而国文老师帮我说情才得解决。如今已事过境迁，我不想批评老师，只是这件事使我学到多站在别人的立场替别人想想、凡事都不能主观，且要不迁怒！（即使圣人亦有错，何况是老师，因此我原谅他，但也因为这件事，我对化学课深恶痛绝！）

除了香港衫，您可需要些什么别的东西？如今有了钱可以买些了。（照片我也已送去洗了！）祝安康。

佳宝　一九七六・十・七

烟应该能少抽些了吧？

能原谅人是高贵的情操

佳佳：

10／3，10／7两信及照片先后收到。女儿用爸爸的钱，是天经地义、理直气壮，爸爸用女儿的钱就使天下人都为之感动，但愿吾儿永有这份爱心。我本是要寄两千元的，在寄信时，恰巧接到星光出版社经理林紫耀先生寄来《异域》版税四千元，所以临时多寄了一千元，而信是早已写好呈请长官批准过的，不能随便更改，并不是我老糊涂。星光的钱，我曾写信给你，要你去接洽，你连回信都没有，我只好直接去信，并没有说数目，林经理就立刻用限时挂号寄来四千元，说我如果不够用，还要再寄。吾儿记住此事，以后如有临时急需，可去见他，当可救急。药不要买，因我已买了，祈福灵一瓶三百二十元，对吧？爸爸的钱来之不易，过去所置家产，刹那间化为一空。现在，戋戋此数，只需吾儿好好用功，为我父女争一口气。我想那位化学老师有点不对，学生既已上课，如不守规矩，只能按不守规矩办，不能按旷课办。学生即令“包庇班长”，也不能记过，如果说是“伪造文书”，岂不要送到法庭判刑坐牢了吗？以老师之尊，向一个没有抵抗力的孩子压迫，不是英雄。我儿气他是合理的，能原谅他更是吾儿高贵的情操。但要从内心真正地原谅，不要嘴巴说说表示自己大量，心里却仍恨他，那就是虚伪。尤其不要因人的缘故，迁怒他所教的功课。化学在你的前途非常重要，化学不好，如何学医？不要为了一个漠不相关的人，反误了自己。爸爸建议吾儿试着同情他，同情他或许仅只脾气不好，同情他地位虽高却仍无知。吾儿说过要刚强，这正是刚强的时候，决心把

我户口正在办，看了户口簿，爸爸竟早被妈妈扫地出门，能不感慨！我们父女要好自为之，不辜负期望。吾儿寒假可否来绿岛？盼告。

化学学好。人贵在了解，将来也可能发现这位老师是一位好人。梁阿姨、孙伯伯有回信吗？我已给梁阿姨去信了，希望你星期六、星期天或晚上去看她，从前我们常到她家吃饭，她家广东萝卜糕、虾油最好吃。梁阿姨认识你时，她正是北一女二年级的学生，跟你现在一样，今天她已是大学教授了。你可自己前往，练习独当一面的能力。孙伯伯义干霄汉，对我的关爱超过其他任何一位朋友，我得此良友，才真正是死而无憾，我此生恐怕见不到他，吾儿将来见到他，要代爸爸叩谢，等你长大，要写下这桩使人挥泪的友情。吾儿10／3信上，再度提到人情温暖，记得你来绿岛时，还哭着说："当爸爸被捕后，有谁管我们？又有谁上门？"而今你终于明白，当爸爸入狱不到两个月，家中即发生丑闻，朋友如何管？又如何上门？上门后又谈些什么？徒增加尴尬而已。但爸爸朋友中也并不是没有掉头而去的，有一位学生，他过去一句一声"老师"，对爸爸崇拜备至，结果他却调戏妈妈，反目诋毁。而有人更落井下石。这些都是过去的事了，我们原谅一切。我所以说出来，是让吾儿认明是非，凡事不要一竿子打落一船人，不要一味抱怨别人，而应多抱怨自己。对我们好的，我们感激图报（爸爸报答不了，希望你和两位哥哥本城、本垣代爸爸报答）。对我们坏的，我们付之一声叹息。信上问："需不需要录音带？"我8／30，10／4两信说得很清楚，要你把家中存的录音带找出来，你难道没有看见吗？为什么又这么问？下次信一定要告诉我找到没有，如果找到，你是不是会送到商店，请商店代为转录到卡式带上，（当然事先要整理一下，理好顺序。）我要你办事，实在没有信心，你要多帮助爸爸。

父　一九七六·十·十三

孙伯伯古道热肠

爸：

接到您的信，去书架上找了许久，可是因为有些外面没有标名（明）是什么，倒是找到不少录音歌曲、访问妈妈及小时（四岁、六岁、一岁半）的录音带，不知道您要哪些，我是准备这星期六、日去街上找找有没有转录的地方，先把我小时候的声音转录下来，其他的看您要什么再去转录。

昨日回家，因为补习的关系，约九点多才到家，梁阿姨已经把收录音机送来了，音响极好，当然也不便宜，还送了我不少空白的录音带及附上了一千元整，（她是说您托她买的录音带，她不知该买些什么，所以就由我去买好了！）所以您得告诉我您需要些什么？我也好去买，她告诉我说：孙伯伯亦不富裕，只是古道热肠，听了心中很难过！

天气渐渐凉了，衣服都够穿吗？过分破旧的就不要了，“旧的不去，新的不来”，需要什么告诉我好了，下个星期一放假，正可上街采购呢！烟要少抽喔！祝安康！

佳儿敬上　一九七六・十・十九

原来的化学老师回来了，我得重心（新）培养兴趣！

受恩于人，一定报答

佳佳：

10／19来信，走了六天，10／24才到绿岛，爸爸于10／26收到，航空也不快，大概受圣诞节邮件拥挤的影响。录音带我全部要，我8／30的信上不是说过了吗？为什么吾儿还要再问呢？去街上找录音店拷贝，可请华妈妈或干姐姐一块去，希望吾儿藉此机会锻炼自己做事的胆量和能力。可将梁阿姨的一千元，全部买录音带（卡式的），还差多少？来信告知（听说八十分钟的一百元，六十分钟的六十元，加上吾儿自己还要留下一部分，所以一千元绝对不够）。录音带中一半是爸爸的小说《旷野》，须先把顺序整理出来，这需要有耐心，而且有盘式录音机，你说过我们家的那台已经坏了，是不是可委托录音店代办？我不能具体建议你用什么方法，因为我和社会隔绝太久，一切不甚了解，你要用心去做。信上说："梁阿姨已把收录音机送来！"甚为惊讶，不知道是怎么回事。我并没有请梁阿姨送吾儿一个收录音机，更没有向她要录音带，怎么会突然送来呢？梁阿姨又说："孙伯伯并不富裕。"因此爸爸有一种异样的感觉，好像是我，或有人代我向梁阿姨、孙伯伯伸手讨什么东西似的，这使我很难过。我一生性格是受恩于人，一定报答，所以不到山穷水尽，万不得已，能不打扰朋友，就不打扰朋友，免得恩情太重，超过将来我们报答的能力。八年牢狱，衣服褴褛，营养不足，从没有向任何人讨过东西，孙伯伯曾寄来过一百元美金，是陈阿姨收下，我不能退回，那太不近人情，因半身将近瘫痪，向他讨过一次风湿药。陈阿姨一定教我要东西，否则她就认为故意疏远，我才向她要过一本书、一支笔、若干稿纸。我宁可自苦，不愿增加朋友的负担，何况录音机是一种奢侈品，何能向朋友张口。所以此事要弄清楚是怎么发生的，是吾儿向梁阿姨要的吗？或是吾儿在给孙伯伯信上说过什么？梁阿姨是派人送去的或亲自送去的？是当面告诉你的或是电话中告诉你的？她的口气怎么说？当时是什么情形？盼详细描述给爸爸听。梁阿姨已送了我一个录音机，如今又再送吾儿一个收录音机（更贵），这份情谊太重。火速来信。

爸爸　一九七六·十·二十七

提高她的求生意志

佳：

有一件事嘱儿，一九七六·十一·十四《青年战士报》载："竹东镇大同路七一〇巷七号"十二岁的徐桂银小妹，右腿红肿得跟腰一样的粗，家产已经用尽。看后落泪，爸爸不便寄钱，希吾儿速给徐小妹寄五百元（爸爸还你）作为捐款，此钱固杯水车薪，但是表示人情温暖对她的关心，盼能提高她的求生意志。十二岁的孩子，命运如此残酷。爸爸 10 / 27 曾去一信，问梁阿姨为何送吾儿收录音机事？二十余日，未见答复，给徐小妹寄钱的事，望吾儿不要不理。

爸爸　一九七六·十一·十六

同学都说我有个好爸爸

爸：

今天下午去邮局汇钱，汇票拿了准备明天寄去（因为我兑换了汇票后，不知该如何寄去，回来问才知道该寄挂号，准备明早上邮局寄），上星期日下午就收到了爸的信，但因邮局礼拜日只开半天，下午即已关门，放学后，邮局亦已关门，所以就拖到今天才寄！

月考刚完，因为此次考八科，累死人了，其中历史、地理，如果我不转组，联考就不考，所以考试时都没用心，考前也觉得把时间花在史地上实在是浪费，因此弄得自己是三心二意，书反倒没念好！数学尚在及格边缘，说也奇怪，事后看看考卷都觉得会做，考试时却是看一题不会一题！化学也难得很，同学都考得不好，不过此次无一科红字，倒也幸运得很！

记得您前封信提及的收录音机之事，那是孙伯伯送我的，好让我们能由信的通讯转到立体的录音带上，当时听孙伯伯说梁姐姐（阿姨）已送您一架，我以为即是为此之用，所以我也认为您该知道，可是没想到您不知道，所以我没说清楚！

和同学提及您要我寄钱给徐桂银小妹之事！同学都说我有个好爸爸，只是令我很难过，因为天下可怜人何其多，而那些有钱人，只要他们少上几次夜总会，就可使若干个如徐小妹的人得到温饱，唉，这世界如爸爸您这样的人，太少！祝您安康！

佳佳　一九七六·十一·二十七

月考、园游会

爸：

您好！大寒流来临，衣服可要多穿些，以前寄去的冬装恰可派上用场，别摆着不穿！

这礼拜实在是忙得可怜，因为十二月十二号是北一女三十一周年校庆，而校长又莫名其妙地批准举行园游会（历届都只有运动会，因为校长怕有人在校内闹事，再加上记者的渲染），可是时间紧迫，只有一个星期的准备时间，而下个星期四、五又是第三次月考，唉！真是分身乏术，再加上我又是康乐股长，此次校庆的节目由我负全责，从事先的准备到当天的义卖（卖些吃的和一些游戏，收入的钱学校要抽２／３），到事后的清理，皆由我来安排，唉！累坏了，从决定卖什么开始我就一肚子火，全班有五十五个人，七嘴八舌始终弄不出个结果来，最后还是由全班股长会商才决定的，可见做一个主管有多难！

明天是星期六，后天就是校庆了，刚刚在床上躺了两个钟头，一直无法睡着，满脑子后天的事（我们还有很多事没做呢，譬如海报、广告、教室布置……因为这星期是考前的一个礼拜，各科都在赶课，而我都无心听课，想必第三次月考一定完蛋），明天下午还有得忙的呢！

天冷，写起字来都有些僵僵的，字好像有一种拉不开的感觉，再加上刚在床上白躺了许久，如今头好疼（刚才胃疼），毛病多多，失眠真痛苦！不写了，月考完再给您报告园游会的趣事！祝安康！

佳佳　一九七六·十二·十

快乐+快乐

爸：

新的一年又快到了，

祝您快乐+快乐！

佳佳　一九七六·十二·二十

办户口迁出

佳佳：

等吾儿考试过了之后，请到区公所为爸爸办户口迁出手续，迁到“绿岛乡公馆村·流·沟一号”，办妥后，连同我的身份证一并用限时挂号（或用航空挂号亦可）寄来。贺年片收到，祝妈妈生日快乐。

爸　一九七六·十二·二十七

嘱代谢汪叔叔

佳儿：

我12／27的信收到了吗？办户口迁移，可能会有困难，因为爸爸离家九年有余，恐怕户籍法上有什么特别规定。汪乃效叔叔非

前些时剪报，在元月份的台北《新生报》上，就有四则少女悲剧的新闻，她们是在四种不同的情况下，失身于男友，断送一生的。现在寄给吾儿，吾儿要仔细看。吾儿聪明，用不着爸爸担心。

常同情我们父女的遭遇，他于今天休假北返，答应爸爸的要求，将拨电话给吾儿，抽一天宝贵的时间，帮助吾儿到区公所办理，吾儿应代父感谢。希望你能看到汪叔叔的小女儿。现在，要把爸爸的私章找出来准备。匆匆。

爸爸　一九七七·一·五

如果爸爸的私章找不到，则请立刻去代爸爸刻一个木头的，越快越好，不要有一分钟的延误。汪叔叔的时间太宝贵。

女儿相形见绌

爸：

好久都没有写信给您了，期考将届，各科都逼得很紧，而我尤其担心数学和化学，最近的化学都讲得极为抽象，听都听不懂，而数学是疏于练习，所以题目拿到手上都不会做，第三次月考考得奇差，得靠期考来拉些分数了！

星期六晚上接到汪乃效叔叔的电话（自接到您的信后，我就一直在等电话）！因为收到您的信后，我就把私章、户口簿及身份证找了出来，就苦的是没时间去办，后来知道汪叔叔要回台北才松了一口气，否则爸爸要我办的事似乎没有一件办成（像录音带，我去问了，他们只有代客录音，但是不转录，在中华商场绕了几圈，我就不好意思再问了）！可是也麻烦了汪叔叔，难得一次休假，却要为了我们的事出去奔波半天！心里真是又惭愧又感激，看到长官们对爸爸的关照，使得我这个做女儿的相形见绌！至于办迁移户口的事，详情我也不知道，等您回信就晓得了！

因为今年年过得晚，所以寒假也放得晚，期考也是到一月底才考（24 ~ 27 日，考四天），每天的考试都很多，害得我一天得喝两杯 coffee 才能支持！等这期间过了，就不喝了，否则会喝出瘾来的，以前初中时就是这样，一天不喝就恹恹的！

今天是八节课，很累人，明天要考数学、化学一大堆！唉，读书真苦！不写了，教室里乱哄哄的，一点情绪也没有！祝安康！

佳佳敬上　一九七七・一・十二

要好好照顾自己的身子，保持清洁！

无涯的感激

佳佳：

阴历年快到了，寄上五千元，其中一千元作为吾儿的压岁钱，剩下的四千元，请吾儿选购一些礼物，送给几位照顾我们父女的朋友，他们自不在乎我们的礼物，但我们只是略表我们无涯的感激。计送：梁阿姨一千元、于姑姑一千元、罗叔叔二千元。礼物要实用，不要只求外表好看。听说台北很多人送礼用“保卫尔牛肉汁”，可供吾儿参考。牛肉汁大概每瓶二百五十元左右，一千元可买四瓶，二千元可买八瓶（一定要大瓶的，小瓶便小气了）。盼能在二月十日前送去。并再面致我们父女无涯的感激。

爸爸　一九七七・一・二十

爸爸已被扫地出门

佳佳：

1／12信收到，爸爸一再嘱咐写信要用航空，这次吾儿又忘了，仍用平信，少贴一元邮票，使信不能越过澎湃的海峡，以致费时八九天才寄到，如非有船冒险开航，恐怕仍留在彼岸。爸爸于前天（1／20）寄的五千元，嘱吾儿买牛肉汁，自思太孤陋寡闻，友人提及还可买咖啡、可可之类，吾儿自行决定吧，爸爸不知道应买什么才好。陈阿姨那里不必送，我会直接寄钱给她，她较不富裕，送礼物不见得实用。我户口正在办，看了户口簿，爸爸竟早被妈妈扫地出门，能不感慨！汪叔叔对吾儿夸奖备至，爸爸也觉得骄傲，我们父女要好自为之，不辜负期望。吾儿寒假可否来绿岛？盼告。化学、物理、数学、英文是四门最重要的功课，化学、数学尤其需要细心和耐心，吾儿聪明当能了解。

爸爸　一九七七·一·二十二

合唱第二名

爸：

漫长的四天终于过去了，整个学期都在盼的寒假也终于来临了！放了假人也懒散了，虽因合唱比赛得了全校第二名，而需于每天上午八点半至十一点半、星期天下午两点至五点练唱外，人都玩野了，可是练唱实在累，一站三个钟头，还得开口唱，而且住在外县市的同学居然也不让她们回家团聚！真讨厌北一女，一天到晚“名誉！名誉”地猛喊，一点也不为学生着想（我们班还有二十二位参加仪、乐、校队，得在下午两点至五点练习，所以这寒假等于没放）！

汇票收到了，还没去领，我左思右想的，我想还是送他们礼券吧！这样他们还可以依自己的意思去买些自己爱的东西，免得我们花了心思、花了钱，别人不一定喜爱！您觉得如何呢？

今天有些不舒服，在家养了一天的精神，又和妈搞得不甚愉快，所以心情也不好！不写了，头有点疼，改天我就去领钱！祝安康！

佳儿敬上　一九七七・一・二十九

台北又变天了，不知绿岛如何？要保重身体！去绿岛的事，妈妈是说不放心我一人去，不知您的意思如何？

一天一天长大，要学做人道理

佳儿：

1／29信收到了。买礼券似乎不如买礼物，礼物固不一定是他们所必需，但主要的是表示我们父女的感谢，他们都是有钱的人，吾儿以一个晚辈送礼券过去，太不适当。如果这样适当的话，爸爸岂不是可以从绿岛直接寄去，何致麻烦吾儿。而且还希望藉送礼之便，由吾儿登府叩拜。我猜想你一定是把礼券由邮局寄去了，为何如此懒散？为何不能亲趋？多责备无益，只是提醒吾儿，一天一天地长大，要学习做人的道理。过年时，吾儿要去拜年，这一点切记。北一女不让同学回家与家人团聚，是不对的，但老师们也同样的不能回家同家人团聚啊。吾儿批评说：“名誉、名誉，也不为学生着想。”难道不练唱，教学生们天天去野，就是为学生着想了吗？“名誉”绝不是害人的东西，而只会砥砺人向上。一个人如果撕破了脸皮，连“名誉”都不要了，才真正可怕，希望吾儿这一生不要遇到这类人物，无论是男是女。寒假期中，吾儿最好把时间放到家里，陪陪妈妈，尤其是妈妈休假的日子，不要离开。这正是“跟家人团聚”，不是吾儿所义愤填膺要求的吗？吾儿和妈妈之间经常不愉快，我从朋友处听到很多，朋友们是既怜悯又焦急，这一次不愉快恐怕不仅是不愉快而已。我知道吾儿内心的隐痛和烦躁，可叹我现在无力帮助吾儿。我唯一嘱咐你的是：多忍耐、多付出爱心。我无法具体地建议吾儿要做什么，也无法解开吾儿心头的结，只是祈求不要发生任何事情。吾儿，听爸爸的话吧。

爸　一九七七·二·七

爸爸同你一齐进修

佳儿：

今天是除夕的前夕，汪乃效叔叔全家，一儿一女跟着汪妈妈来绿岛与汪叔叔团聚，住在吾儿去年来时所住的招待所套房。小妹年龄跟爸爸离家时你的年龄相若，小弟只四岁余，白胖调皮，有个可爱的嘴形，说起话来真好看，全家挤在房子里，又笑又闹，跟我们家昔日的情形一样，爸爸也分享他们的快乐。礼物都送了吗？年节三天内，一定要去拜年，不可偷懒，也不可胆怯，要学习当一个大人。几天假期，希望吾儿在家陪妈妈，把心平下来，凡事多责备自己，少责备别人，妈妈固然有错，难道吾儿以及爸爸就全对了吗？只有不成熟的孩子或绝对自私的人，才总是为自己着想。找个机会和妈妈静静地谈谈心，诉诉委曲，也听一下妈妈的委曲。父女虽不能在一起，母女能在一起，也是难得，吾儿要特别珍惜。学校考得如何？把成绩单寄给爸爸过目。爸爸最近复习英文（早年学的都忘光了），想和吾儿共同进修，以后我每星期找若干道题寄吾儿作答。原题留在儿处，另找一张纸，抄下答案寄我。不仅仅写答案，还要你抄全题，而且把每题译成中文，再说明为什么选择那个答案（只几个字就可以了）。固然很麻烦，但这样却更能彻底了解。现在就寄上第一课，吾儿要用心答。我离家的那年过年，我们在门前燃了很大的花炮，你捂着耳朵跳脚，今年怎么玩？

爸爸　一九七七·二·十六

慰问比我们悲惨的人

佳儿：

爸爸的年过得很好，除夕之夜，跟汪叔叔、汪妈妈、汪小妹、汪小弟在一块包饺子、吃火锅，吃得肚子发胀，十分快乐。吾儿过年的情形如何？也应告诉我，让爸爸分享。英文作业做了没有？现在寄上第二课，盼把第一课答案寄回，它一定耽误了吾儿不少玩的时间，但必须这样的刻苦，学识才能充实，任何真正的学识都不是白捡来或是天上掉下来的。有一位从韩国返台定居的华侨马先生，靠做杂工维生，生四男二女，穷困可知，做父亲的终于积劳病故，这是多年前的事了，那时孩子都在稚龄，靠母子们捡破烂糊口，可是捡破烂不能解除饥饿，就沦落了，结局是四个儿子因为偷窃，先后全都入狱（他们现在仍在囚禁中）。长女婚变，流落无依。家中只剩下母女二人，相依为命，母亲受不了这种永无止境的打击，精神失常，疯了，每天打她的幼女。可怜这个小女儿，她只十五岁，比吾儿还小一岁，哀讨无门，哭天泪尽，纵使为盗为娼，也无法自救。悲惨遭遇齐集一家，令人酸鼻。现由邮寄上一千元，望吾儿立刻给她送去（不要晚上去，要白天去），幼妹名马玉美，住“台北市松山区福德街二〇二巷三弄十三——十八号”。找到后，询问清楚（不要弄错了），诚恳地安慰她、付给她，不要告诉她吾儿的名字。愿上苍保佑她。

爸爸　阴历正月初四日　一九七七·二·二十一

爸，原谅我！

爸爸：

昨天（二十六日）中午放了学回家，吃过饭换了衣服之后，就直奔“松山”！我对松山极不熟悉，更少听说，连坐哪路公交车还是左打听右打听来的！找了半天站牌，又找了半天地方，好不容易找着了地址所在，已经三点多了，可是我敲了半天门也没人应，正好看到一小妹，只好问她（她好像很怕的样子——因为她说马玉美的妈妈会打人，而且经常打人），她说马玉美很少回家，大约一两个礼拜才回家一趟，问她马玉美为什么不回家？在哪里做事？（马玉美未读书！）做什么？一问三不知，只知很少回家就是了！现在我不知道该怎么办，是交给邻居吗？又不放心！交给她母亲更不行了，而马玉美又不知何时在家，我又已经开学，总不能天天去找她吧！而且我又怕马玉美学坏沦落成小太妹一类的，那么我把钱交给她，不是更助纣为虐了吗？当然我不希望事情如我想的那么糟，但如今该如何呢？是将钱交给报社，抑或如何？

今年的年过得仓促而无趣！难得听见鞭炮声，鞭炮虽然危险，但却能平添一些过年的气味（氛）！而我呢？寒假等于没放，除了唱歌还是唱歌，心情极糟，讨厌的不只是天天练唱的那股无奈，还有那音乐老师的冷嘲热讽、喜怒无常——我看她心理有毛病。所以，您寄的四千我都还没送，而且您又反对我送礼卷（券），可是我早买好了——如今社会上流行送礼卷（券），简单大方且宾主尽欢，于我可省去采购之苦，于他则可买些实用之物！本想期考完就去送，可是一拖再拖拖到过年。（我那一阵子心情不好，早上唱歌，下午睡觉，偶尔看看电影，不知道为什么，大概这就是“寂寞的十七岁”吧！）过年我反倒不好意思送了，我怕我好似去讨红包似的，现在我想：罗叔叔、梁阿姨那里可早些送去，可是于姑姑那里可能晚些——因为她住得好远，我又不会找。

“成长是要付出代价的”，我想是吧，至少今年过年我遗失了孩堤（提）时代那份期待、盼望、兴奋，再大，可能更没意思了！您过得愉快就好，我最近情绪不大对劲，别让我影响了别人！祝安康。

佳儿敬上　一九七七·二·二十七

原谅我，爸爸！您托我的事我都没办到！

爸爸一生锥心的内疚，是遗弃了你两位哥哥，所以全副爱心都给了吾儿，想不到最后也把吾儿遗弃。但总算兄妹争气……两位哥哥当然怨我，这是正常的，但我和他们的母亲之间，好像两块日夜相撞的岩石，只有分开，才能避免同归粉碎。想起来，婚姻有时候是幸福的，有时候也很可怕。

爸爸要你办“自己”的事

佳儿：

正在担心你久未来信，接2／27的信，知你平安无事，甚是安慰。你竟没有把礼券于年前送去，真使爸爸沮丧，你太不争气了。既有时间睡，既有时间看电影，难道不能少睡一小时，不能少看一场电影，而去送礼券或到邮局寄出。这不是爸爸“托”吾儿办爸爸的事，而是要吾儿办你自己的事。我嫌礼券不适宜，一则我不知道台北社会现在的情形，二则我只是说出我的意见，并没有教你不送，早知道我直接寄去。你说，新年过去了这么久，不年不节，如何措辞，现在该怎么办？送也罢，不送也罢，你已渐大，对这件事应该自己做主处理。至于马玉美，她只比你小一岁，所遭遇的是什么？即令沦为太妹，她自己怎能负责？而且又怎能称为“助纣为虐”？难道她当了强盗，我们帮她买刀吗？帮助人要诚恳，不是施恩，你去了一趟就不耐烦，说你不能天天去，难道爸爸能天天去吗？这事应由你自己做主处理。我要你在做这些事上训练自己，你却把它当做爸爸为你添麻烦，心不在焉，爸爸感到很是伤心。英文题做了没有？连提都没有提？吾儿，爸爸要求你的并不多。

爸爸　一九七七·三·二

吾儿的成绩单要寄来给爸爸看。

责儿太重，心中不安

佳佳：

3／2的信接到了吧？这两天爸爸一直不安，我想是我责备吾儿太重了，当爸爸像你这么大，同样贪玩畏事。我读高中一年级时，我父亲（你的祖父）住进医院，我的继母吸鸦片烟不去看他，只靠我照顾。那时正逢暑假，父亲嘱咐我上午一定要去，因为他刚开刀，躺在病床上不能动（顺便告诉你，祖父的名字是郭学忠），需要我服侍。我却不放在心上，到了天黑才去，老人已硬生生地躺了一天，护士们待遇低，一个比一个不耐烦，叫不动她们。父亲有气无力地说："我眼望着天花板，听着走廊上的脚步声，盼望着你来，你怎么没有想到父亲需要你。"但我当时确实没有想到，而吾儿正是这个年龄，而且你的情绪还一直不安定。不要介意爸爸生气的话。送礼是件小事，年节已过，不必再送，再送就很尴尬了，礼券就赠与吾儿，可用来买东西。马玉美小妹的钱，送报馆亦可，你找一个星期日再去一趟亦可，或由邮寄去亦可，如果真送不到，也就作罢，不要勉强。吾儿要定下心用功，把成绩单寄来。那个音乐老师大概吃错了药，有点不对劲，好在音乐一课不重要，但吾儿正可利用来锻炼怎么处逆境，那就是忍耐，天下事不都是全顺心的。再寄上一课英文，只有五题（我怕你嫌多），盼吾儿把答案寄还，帮助爸爸学习，这比那混蛋唱歌重要多了。

爸爸　一九七七・三・四

心中一股暖流

爸：

接到您3／4来信，老实说这封信我鼓足了勇气才拆的，我好怕和前一封信一样使我看了满心的愧究（疚）和不安！可是看了信之后心中一鼓（股）暖流，也舒坦多了！

您责备我是应该的，怎会过分呢？父亲要我去做的事都无法达成，将来在社会上如何取信于人？本想如果礼券能兑钱，我想存入银行以备不时之需——究竟现在把钱送去实在有些怪怪的！可是又不能换现钱，只好干冻在这里，实在麻烦！至于马玉美的事，我想这星期六再去一趟！因为我觉得如果寄去（交由报馆相信也是寄去给她们），马玉美根本不在家，她妈妈又神经不正常，如何利用这些钱呢？还是亲自交到她手上安全些！

今天回家在信箱中看到一封小孩子写给我的信，着实使我惊讶了一下，拆开一看，原来是汪叔叔的女儿写的，长得好像汪叔叔喔！可爱极了，信也写得生动活泼，等回（会）儿就回封信给她！

星期六参加音乐比赛，我们班在校际比赛中是以最后一名入选，可是北市比赛时却得到第二名——第一名是建国中学，同学都很气输给男生！但这也是没有办法的事！祝健康愉快。

佳佳敬上　一九七七·三·七

对两位哥哥想念甚深

佳佳吾儿：

照片很美，见照如见儿面。

礼券的事，吾儿可自由处理，用以试验你自己处理钱财的能力。但爸爸有两个建议，第一个建议是，我对你两位哥哥想念甚深，最近听说你二哥就读台大地质系（读这一系，真得有点学问），大哥今年暑假也要考大学，吾儿是他们的亲妹妹，可以不可以给他们一人寄一份一千元礼券？（你们都是“本”字辈，大哥郭本城，二哥郭本垣，幺妹郭本明，这是咱们郭家的古老传统，可惜你们下一代用什么字排行，已记不得了。你的那些鬼男朋友，唤你“小本”，真是笨蛋。）如果可以的话，就直接寄到学校（大哥的由二哥转），信上不必提爸爸，只说是你把压岁钱跟二位哥哥分享。我不知道这建议合适不合适，吾儿自己酌量，觉得合适就做，觉得不合适就不做。另一个建议是：《读者文摘》出版了一套英语书籍和卡带，价值一千四百元，而且可以先拿回家试听，听满意了再付款，不满意就退回。吾儿已有录音机，为了进修英文，应充分利用，不要只听唱歌。（不买这个，买其他的进修英语的卡带也一样，总比吃糖把牙吃坏好。）

你称汪小妹是“小孩”，值得会心微笑，好像你已是大人了。大人就得有大人样，汪小妹聪明已极，恐怕你还不如她，她的弟弟“小土”尤其可爱。你写信要用正楷，人家“小孩”才看得懂，将来有一天我会带你去他们家玩。

前些时剪报，在元月份的台北《新生报》上，就有四则少女悲剧的新闻，她们是在四种不同的情况下，失身于男友，断送一生的。现在寄给吾儿，吾儿要仔细地看。这不是故事，这是真实的镜子，如果再照不出自己，那就太和自己过不去了。吾儿聪明，用不着爸爸担心。

爸爸　一九七七・三・十二

小佩给爸爸带来回忆

佳佳：

3 / 12 的信收到了吧？再寄上英文习题第五课，仍和前几课一样，不但要解答，还要注明理由。爸爸希望吾儿对所学的要深刻了解，仅只浮光掠影的印象，是经不起考验的。你寄给小佩的信和照片，她都寄给汪叔叔看，还嘱咐要寄回去保存起来呢，你要常写信给她。小佩在绿岛给爸爸带来很多回忆，她才十岁，多么像你小时候啊（只有一点不像，她不要人喂饭）。

爸爸　一九七七・三・十八

白头发竟转黑

佳佳：

寄上英文习题第五课，想已到达。爸爸真想再出一些数学、化学的题，可惜我对这两门功课更是一窍不通。我的数学太差，到今天连九九表都弄不清，吾儿还记得吧？爸爸在家时，经常地从书房大声问妈妈："几乘几是多少？"连女佣都大为吃惊。化学更不用说了，除了认识 H_2O 之外，其他的一概不认识。原因是从小人人都赞我聪明，我自以为聪明人闻一知十，用不着下苦功，等悟过来时，已失去了学习的环境，所以这一生才没有发展，受尽苦楚。吾儿要以父为戒，一定要把这几门功课弄好，英文答案弄妥后，立即寄来。爸爸本已全白了的头发，最近渐渐变黑，后半部有三分之二变黑，前半部有四分之一变黑、四分之一变黄（好像是黑的前奏），汪叔叔说：可能要转运气了。爸爸每天都打一个小时的乒乓球，现在球艺猛进，已非吾儿去年来时能比，希望将来有一天我们父女再大战时，能招架得住。我一直担心你的腰——弯如龙虾，妈妈从前也是弯腰，被爸爸改正过来，吾儿要挺起脊梁。你已渐渐踏入社会，爸爸有一句重要的话要告诉你：记住，任何情形下，不要贪小便宜，包括物质上的小便宜和精神上的小便宜。不可接受你不能回报的礼物，不可对赞许和夸奖认（信）以为真。要慎重交友，要把自己看成最笨拙的人，一丝不苟地用功。等将来有一天，吾儿要把这话转告你的大哥、二哥。

爸爸　一九七七·三·二十

急切期待见大、二哥

爸：

您一定着急也奇怪怎么一个礼拜都没有回信？而且您的来信也

柏杨以证婚人的身份向使用「平权结婚证」的新人道贺。

如石沉大海，可是如果我告诉您我这一个礼拜没动笔的原因，相信您回信时也一定激动得不知写什么好！——这七天，有四天是等待，有半天是紧张，有两天是焦燥（躁）、好奇、兴奋与不安！

星期日收到您的来信，您告诉了我大哥、二哥的名字和二哥的学校，其他可说是毫无头绪，可是想见哥哥的心情比什么都重要，第二天我就“出动”了所有（全部有）哥哥在台大的同学回家帮我问，其实我是不抱着什么希望的——因为台大那么大，怎么可能……可是也许是上天有意帮助我们吧！同学之中有人的哥哥认识二哥，于是我由失望变成期待——因为我同学的哥哥要帮我查电话号码，就这样，星期四同学把电话号码告诉了我，害得我一天七堂课都迷迷糊糊心不在焉，七堂课有如一世纪那么长，一分钟有如一天那么难熬，只见分针在表上的格子慢慢地爬，好不烦人，老实说我有些紧张，有些怕，晚上，我打电话给他们了，是大哥接的，当我说出我是谁时，我有十分紧张，他有三分惊讶、七分好奇，却没有一分气愤，我们约了星期六下午见！于是我又过了一天半的非人生活——那种期待真难熬啊！

好高啊！您会高兴的，因为除了在篮球场上、在西门町或街上难得见到一个这么高的！我已经不算很矮了，可是站在他的旁边却是那么娇小——在家我是最壮的，可从没想过还有娇小的一天；咱们聊了一个半钟头，他人很好，至少很通达事理，对我很好——过了十七年的“单身女郎”，如今才知道有个哥哥多好！他和您脸的下半部像极了，除了眼睛不像，脸长长的——长脸是咱们家的标记！足足有一八五公分高呢！驼着背——这似乎也是咱们郭家的传统，虽然不好！我和他谈了许多，还把您的照片给他看！当然我不会忘了礼券的事，可是我说了这是您要我送的，爸，原谅我，可是我觉得多傻的人都能想到是您要我送的，况且就算是我送的，他会收吗？我根本没存着他会收下的心，所以我又收回来了，相信您不会不高兴，因为虽然我没达（完）成任务，却替您收回了一个儿子——他不可能写信给您，可是我相信您能了解，他不能违背母亲而写信给您，更何况他母亲有心脏病，他不愿再刺激她了！可是他心里却是想的，究竟父子之情，谁都不能磨灭！我没见着二哥，可是据大哥说二哥脾气古怪，回家很少说话，也懒得多说，好听些是“顽固”，不好听是“不通事理”——我觉得简直是“古怪”！管他的，大哥那么好，就算二哥不要我，我也心满意足了！可是我虽然只和大哥聊了一个半钟头，却可以看出他个性很强、脾气不顶好，也够执著——和您一样（也和我一样，只是他的个性、脾气很能控制，我啊，却不行）。

现在我只有两种心情：为您高兴——您有这么硕壮的儿子（二哥也有一八〇公分），也为我高兴——因为我有了两个哥哥，我一直希望有的！祝安康！

佳儿敬上　一九七七·三·二十

我礼拜一还要打电话给他（大哥）。

兄妹相爱，爸爸死也瞑目

佳儿：

接 3 / 20 的信，很是高兴（你这信用细笔尖写的，又龙飞凤舞，看了好几遍才勉强看懂），想不到吾儿有这样的勇气和灵性，去创造一个新的突破——寻找哥哥。你两位哥哥能容纳你这个妹妹，你这个妹妹也能容纳你的两位哥哥，而且一开始就这么手足情深，爸爸真是谢天谢地，谢祖宗的呵佑。以后你跟其他女同学们一样，也有了哥哥，不再孤单了。两位哥哥会照顾你，你当然也会照顾两位哥哥。你去年来绿岛时，我就告诉你：上一代的恩怨，不要影响下一代。爸爸一生锥心的内疚，是遗弃了你两位哥哥，所以把全副爱心，都给了吾儿，想不到最后也把吾儿遗弃。但总算兄妹争气，虽没有父亲，哥哥读全台湾最好的大学，妹妹读全台湾最好的中学。两位哥哥当然怨我，这是正常的，但我和他们的母亲之间，好像两块日夜相撞的岩石，只有分开，才能避免同归粉碎。想起来，婚姻有时候是幸福的，有时候也很可怕。大哥是在爸爸怀中长大的，你小时候在爸爸怀中听到的催眠曲（一些抗战期间爸爸当兵的老军歌），也是大哥小时候听到的。大哥五六岁的时候，有一天，爸爸带他到屋后广场上玩，我躲在一排砖后面，他抬头找不到爸爸，吓得哭了，我急奔出来抱他哄他，都不能使他不哭，他小心灵一定受到极大的震撼。有一天，蜘蛛网迷了他的眼睛，他搂着我的脖子说："爸爸，我好爱你啊。"这些，迄今都使我心中泣血。大哥很顽皮，成天在爸爸身上翻筋斗，爸爸唤他："飞贼高金钟。"可是他读幼儿园时，却很害羞，没有你读幼儿园时那么大方，爸爸送他去国语实小幼儿园，他就是不让爸爸离开他的视线，一看不见就哭，以致我只好天天站在走廊上，老师也没办法。你对大哥应该有印象的，大哥考高中时，爸爸开车一连两天陪他在内湖（那时爸爸总想跟大哥单独谈谈，可是他却邀有一个同学在一起，使我找不出机会），你也挤在车上，叽叽呱呱说个不停，我教你唤大哥，你回来后向华昌言她们小朋友骄傲地宣传你有大哥，被妈妈禁止。二哥生下来黑黑的、胖胖的、傻傻的，没有大哥那么机灵，我和你妈妈结婚后，曾去看他，他还唱了一首歌，这都是往事了。哥哥们的母亲是他们的骄傲，现在史丹福大学任教，你切切不可去打扰她的安宁，也切切不可提议哥哥去打扰你妈妈的安宁。我已经满足了。只要你们兄妹相爱，如手如足，将来在事业上能有成就，获得荣耀。爸爸那时已在地下，也会瞑目。

你找哥哥，找得人仰马翻，其实我在信上写得明明白白，二哥在地质系，这范围岂不小得太多，何致来一个“普查”，你看信果如我所说的一目十行、浮光掠影。你将来当了医生，如此粗心地看病历表，岂不得要有两位上帝保佑你的病人？你文字的表达能力很强，但不够明确。吾儿说咱们郭家的人都是驼背的，这可糟了。驼背与遗传无关，翻看一下你小时坐在脸盆里洗澡的那张照片，小脊梁挺得比钢铁还直。驼背是高个子的副产品，高个子大概对鹤立鸡群表示谦虚，就稍弯弯腰，结果成了龙虾。爸爸虽老，但现在已练得不驼背了，你要改正，有机会也劝哥哥改正。大哥鼻子敏感，现在好了没有？吾儿对人的观察和分析，都很锐敏、很深入，看起来不是一个糊涂虫，这使我很高兴，但也使我隐忧，苏东坡诗：“人皆生儿望聪明，我被聪明误一生。但愿吾儿愚且鲁，无灾无难到公卿。”我倒希望你们兄妹能浑浑噩噩。你能为大哥着想，这是可喜的。凡事都要为人想一想，这就是恕道，能做到这一点，世界就宽大多了。一个人如果总是想自己的利益，总是想自己的幸福，不惜践踏别人，那就是自私。这种人可能快乐，但他不可能高贵，而他的快乐中还含着刺，不断地伤害自己。咱们郭家的人不会如此，佳佳不会，城城、垣垣也不会。吾儿，爱你的哥哥们，发奋也要考取台大。今天，爸爸太高兴了，太高兴了，写得语无伦次，而且仍有很多平常在心里反复想到的话，一霎时却记不起来。

爸爸　一九七七·三·二十六

盼改正爸爸的错误

佳儿：

第四、第五两课英文习题，吾儿还没有寄来，大概这些时找哥哥太紧张了。爸爸对你第二、第三两课的解答，提出若干意见，一一地已开列给你。爸爸也在学习，老实说吧，爸爸的英文程度远逊吾儿，希望你对爸爸的意见仔细地看，如果我说对了，你要改正。如果我说错了，吾儿要来信告知，爸爸就改正。爸爸年纪已老，还在学习，吾儿千万不要懒惰，不要荒废了光阴。等你考上大学、出国深造，我就安心了。再寄上第六课。

爸　一九七七·三·三十一

1968年到1969年，将近一年的时间，柏杨在信中给佳佳讲了一个小白兔的童话……

法官先生調查的之三。

她的名字叫小棉花

佳佳，我的小女：

儿啊！我们父女，身悬两地，你可知道，爸爸是多么想念你啊！爸爸离家之前，每天晚上，你爬上小床睡觉，总要爸爸给你说故事，爸爸就跪在床边，把手伸进被窝里，握着你的小手，讲给你听，你听啊听的，有时还忽然睁开眼睛，问说：“怎么会这样呢？”然后逐渐睡着了，这时，爸爸才蹑手蹑足走开。现在，爸爸不能再跪在床前说给你听了，因此就在信上写故事，每星期写一封，请妈妈念给你听，好不好呢？

现在爸爸开始给你说小白兔的故事吧。

这个小白兔呀！身上雪白雪白的，大眼睛红红的，三片嘴唇，唉！你不知道吧？小白兔的嘴唇跟我们人不一样，跟狗也不一样——跟什么动物都不一样，人的嘴唇是两片，狗的嘴唇也是两片，小白兔的嘴唇却有三片，你看怪不怪呢？而且还一掀一掀地动个不停呢。这个小白兔的名字叫……叫什么呢？等我想一想，对了！她叫“小棉花”，因为她卧在墙角，就跟一团棉花一模一样。有一天，妈妈跟阿姨从外面买东西回家，妈妈是个近视眼，一进门就说：“你看，谁这么不爱干净？把一团棉花扔到这里，也不知道捡起来。”说着，弯下腰，伸手去捡，手还没有碰到，那团棉花却忽然蹦起来，一跳一跳地跳走了，把妈妈吓了一跳，阿姨笑得连手里的东西都掉了一地。从此呀，大家就叫她“小棉花”。对了，再告诉你，小白兔是不会走路的，她不像人，也不像狗一步一步地往前走。她不会走，只会跳，要走的话，她就跳，你请星舅舅跳个样子看看，那才好玩呢。小白兔，唉，她叫“小棉花”呀，小棉花有一个哥哥、一个弟弟、一个妹妹，上面还有爸爸、妈妈，一家六口，住在一个山洞里，大家过得相亲相爱，十分快乐。妈妈兔最爱小棉花了，每天呀，都给她梳头扎两条小辫子，小辫子上还绑着红蝴蝶结，配着大大的红眼睛，真是漂亮！人人见了，都要夸奖一声呢。

爸爸　一九六八·九·二十二

羡慕哥哥兔上学

佳儿：

小棉花，也就是小白兔，她不是有个哥哥吗？我们就叫他哥哥兔。哥哥兔天天上学，上学的时候，背着书包，穿着制服，书包里鼓鼓的，全是书呀，生字簿呀，日记簿呀，联络簿呀。说到这里，你记不记得，你一年级时，有一次放学回家，怎么找生字簿都找不到，急得又哭又闹，又骂爸爸是臭爸爸，我说恐怕是老师没有发下来吧？你说明明记得发下了的，最后爸爸实在想不出办法，只好牵着你的小手去学校，到教室里找，竟然在老师桌上找到了，全班学生的生字簿都堆在那里，根本没有发呢，看你挂着眼泪的小脸笑个不停吧。

且说哥哥兔天天上学，书包鼓鼓的，制服挺挺的，上面绣着他的名字，还戴着漂亮的运动帽，又棒，又神气！小棉花好不羡慕，就闹着也要上学。可是她的年纪还小，不到上学的时候呀，要再等一年才能上学，怎么办呢？小棉花不管这些，她闹着，反正她就是要上学，什么道理她都不听，妈妈兔被她闹得没有办法，只好给她也买了一个书包，也买了些书，也做了一套学生制服，教她在家上学。小棉花高兴得不得了，天天呀，都背着书包，穿上制服，在家里走来走去，又把书本摊开在桌上。她不认识字，可是她认得画呀，就一面看画，一面嘴里哼着，谁也不知道她哼的是什么，这么过了些时候，有一天，她忽然对妈妈兔说，她不在家上学了，她要到外面上学，同哥哥兔一样，到外面上学，妈妈兔一听，十分着急，这怎么能行呢！下星期我再告诉你小棉花到外面上学了没有。

爸爸　一九六八·九·二十九

小棉花哭闹妈妈兔

佳佳小女儿：

小棉花一直闹着要到外面上学，妈妈兔一直不肯，因为外面太杂乱、太危险了！汽车一辆接一辆飞快地跑来跑去，还有一种三轮摩托车，拉着一车重货，横冲直撞；一个小白兔，从没有出过家门，怎么应付得了呢？何况，要到学校，必须经过一个山坡，那里长满了树木荒草，不时地有老虎呀、狮子呀，出来吃小动物。其实，老虎和狮子并不太可怕，他们的身子好大呀，威风凛凛，远远地就可以看见，早早地就可以逃掉。最可怕的还是那些豺狼和毒蛇。豺狼是什么样子呢？他的样子跟狗差不多，不仔细看简直分辨不出，仔细看就看出来了，豺狼的眼睛冒出的是一种凶光，身上的毛又脏又硬又凌乱，有一股冲鼻的臭味，（你想，他没有人爱护，谁给他洗澡呀？）日夜地在深山里跑来跑去，见了老虎、狮子就怕得要死，见了比他弱小的动物，像见了小白兔，他就凶得不得了，张牙舞爪把她吃掉。有时候明明已经吃饱了，仍是要吃，实在吃不下去，宁可扔掉，也要把她咬死。你看，这种残忍的东西，可恨不可恨呢？还有毒蛇，佳儿呀，你见过蛇没有？我们全家看电影时，爸爸不是带你去西门町蛇店看过吗？蛇有两种，一种是没有毒的，一种是有毒的。毒蛇嘴里有两颗毒牙，人呀、小白兔呀，只要被他咬上一口，毒液顺着血管流到心脏，立刻就会死了。所以，你以后遇到蛇，不管他是有毒的，或是无毒的，千万不要去逗他，连走近它都不要，他爬起来跟飞的一样快，咬你一口，爸爸妈妈就没有可爱的小女儿了。你想！路上有车，山上有老虎、狮子、豺狼、毒蛇，妈妈兔怎么肯教小棉花去外面上学呢？可是小棉花说：“那么，为什么哥哥能去呢？”妈妈兔说：“哥哥比你年纪大呀。”小棉花没有理，说不过妈妈，就哭，她知道妈妈最心疼她，不忍心看她哭，一定会答应她的。

爸爸　一九六八·十·六

头上碰了一个大包

我亲爱的小女儿：

小棉花要上学，妈妈不肯，小棉花就哭，妈妈一看她哭，就怕了，唉！你猜，妈妈是个大人，她还怕小孩哭吗？她不是怕呀，她只是太爱自己的女儿，不忍心她哭，既怕她哭坏了嗓子，又怕她哭坏了身子。好了，小棉花这么一哭，妈妈急了，赶忙说："别哭啦，别哭啦，等哥哥回来，问问他，能不能去再说。"好不容易等到晚上，哥哥兔背着书包，放学回来，小棉花拉着妈妈的手催着说："妈妈，快问哥哥呀！他回来了。"妈妈就说："小白球呀——"对了，忘了告诉你，哥哥兔的名字叫"小白球"，他身上的毛也是雪白雪白的，看起来像一个雪白的大皮球。哥哥兔听见妈妈叫他，把书包往桌上一扔，说："妈妈，您叫我干什么呀？"妈妈兔说："你们学校还收不收学生呢？"哥哥兔说："收是收呀，可是不收小学生了，只收幼儿园小朋友。"妈妈兔说："妹妹上幼儿园行不行呢？"哥哥兔说："那得等我问老师才知道。"妈妈兔说："好吧，明天上学，记住问老师，放学的时候再告诉妈妈。"小棉花一听，要等到明天才问，很是生气，就大叫说："不行！不行！一定要今天问。"哥哥兔说："今天怎么能问？"小棉花说："今天怎么不能问？"哥哥兔说："今天老师都回家去了，我找谁呀？"小棉花生着气，也只好等到明天。到了第二天，一清早，小棉花就催哥哥兔上学，放学时候，小棉花早早就在洞口等着，一见哥哥兔，就大叫起来，说："我的事你问了没有呀？"哥哥兔说："问了。"小棉花说："行不行呢？"哥哥兔说："老师说行，明天就可以去了。"小棉花听了，高兴得不得了，一跳一跳地，一不小心，头碰到门框上，鼓了一个大包。

爸爸　一九六八·十·十三

真高兴，上学了

儿啊：

你写来的信收到，你说："小白兔就是我呀！"儿啊，小白兔有时候是你，有时候不是你呀，你过生日的照片也看到了，你才八岁呢，又长高了一些，爸爸多么高兴。妈妈说，你过生日时，孙世钟姐姐还寄来十元美金，你要写信去谢谢她。还有一件事要吩咐你，千万不要跟什么人去外边玩，放了学一定要回家看妈妈，一定要听我的话！好乖。

我们再继续说小棉花，小棉花一听明天可以上学，头上不是碰了个大包吗？那一夜呀，她一直没有睡好觉，第二天一早，她就爬起来，先把书包背在肩上，吃过早饭，就跟哥哥兔上学去了。到了学校一看，哎呀！好多小朋友呀，全是小白兔，有的头上扎蝴蝶结，有的穿花花绿绿的衣裳，看见小棉花，都来问长问短："你叫什么名字呀？""你家住在哪里呀？""你会不会讲故事呀？"小棉花一一地告诉他们，大家挤在一起，打秋千、划摇船，快活得不得了，一会功夫，只听："当当当当……"大家纷纷往教室里跑，小棉花说："这是干什么呀？"大家说："这是上课，快跟我们进教室吧，老师马上就来了。"小棉花也进了教室，刚刚坐好，又听班长喊："起立，鞠躬，坐下！"——佳儿：你们学校上课的时候是不是这样的呀？啊，那没有关系，反正小棉花那个学校是这样的。小棉花的老师是一位女老师，大家都叫她白老师，白老师说："小朋友，早安！"大家说："白老师，早安！"白老师就问："你们今天早上，刷牙了没有？"大家都说："刷牙了。"白老师又问："那么，

不要谈过去，也不要想过去，这会使爸爸哭，也会使女儿哭，更会使妈妈哭，人生有尽，爱无尽，还是让爸爸继续说小白兔的故事吧。

你们都剪过指甲了？”有的说剪过了，有的说没有剪过，白老师说：“不要吵！不要吵！都把手伸出来，我要检查。”大家都把手伸出来，老师一个一个地看，看呀看呀，看到小棉花的手了，你猜她有没有剪指甲？

爸爸　一九六八・十・二十

不肯排路队

佳佳：

上次不是说到白老师要检查小朋友们的指甲吗？小棉花也把手伸出来了，白老师一看，嗨！才真糟糕，小棉花的十个指甲都是长长的，长长的还没有什么，指甲里面却都藏满了污垢，又黑又脏。白老师说：“啊呀！你怎么不请妈妈给你剪一剪呀？剪得短一点呀。”小棉花说：“剪那么短干什么呢？”白老师说：“指甲太长，里面容易藏脏东西，脏东西里一定有传染疾病的细菌，像大肠菌，吃下去会泻肚子；像霍乱菌，吃下去会上吐下拉，会送命哩！如果指甲短短的，就藏不了脏东西，就不会害病了，而且，你看，黑黑脏脏的指甲，多么难看呀，清清洁洁的指甲，又多么漂亮呀。”小棉花听了，生气地说：“这都是妈妈不好，谁教她不给我剪呢？”这时哥哥兔正巧在门外面站着，就说：“你怎么能怪妈妈？妈妈昨天还要给你剪指甲，你跑到东躲到西，害得妈妈喘气都喘不过来，看我回家告诉妈妈。”小棉花说：“告诉妈妈就告诉妈妈，我怕你！哼。”哥哥兔说：“好！你在背后怪妈妈，说妈妈坏话，看妈妈伤心吧。”小棉花最怕妈妈伤心了，听说妈妈要伤心，急得不得了，眼泪都流出来，哥哥兔就安慰妹妹说："不要哭，不要哭，我不告诉妈妈就是了。"白老师说："这才是好哥哥、好妹妹呢。"这一天就这样过去了，放学的时候，哥哥兔说："小棉花呀，我们快去排路队！"——佳儿，你们学校不是也排路队吗？小棉花说："我不排路队，我要自己走。"哥哥兔说："不行！不行！自己走的小学生，要妈妈来接呀。"小棉花使性儿惯了，趁哥哥兔一转脸的功夫，就自己走了，哥哥兔到处找她都找不到。

爸爸　一九六八·十·二十七

妈妈兔的祷告

佳儿：

你看，小棉花淘气不淘气？硬是不肯听哥哥兔的话，自己背起书包，一溜就溜走了。她溜走了不要紧，可把哥哥兔急得团团转。白老师也非常着急，到处找小棉花，连厕所都找了，也没见影儿。白老师就对哥哥兔说："这么办吧，她大概想妈妈，先跑回家了，你马上也回家，说不定她在路上贪玩，这一路不太好走，有大狼出出没没，千万小心呀！"哥哥兔就急急忙忙跑步回家，一面跑一面想："小棉花，一定趴在妈妈怀里吃糖呢！"所以一跑进家门，就喊说："小棉花！小棉花！你为什么不排路队呀？"妈妈兔正在那里洗盘子，看见哥哥兔一面喊一面跑进来，就说："你今天放学这么早，妹妹呢？"哥哥兔一听，不对呀！就说："小棉花不是回来了吗？"妈妈兔说："没有回来，我正在等你们呢！"哥哥兔急说：

“糟了！糟了！小棉花丢掉了，她比我走得早，老师说，她一定先回家，怎么还没有回来呢？”妈妈兔不是正在洗盘子吗？一听说小棉花不见了，心里一慌，哗啦一声，盘子掉到地上，打了个粉碎，当下就说：“小白球呀，你快去告诉爸爸，教他到山坡那里去找，我到山谷那里去找，大狼这么多，如果遇上了，怎么办呢？”哥哥兔放下书包，飞快地找爸爸兔去了。妈妈兔也马不停蹄地往山谷那里跑，一面跑一面祷告圣母玛丽亚说：“圣母呀，保佑我的小棉花，不要让她遇到大狼，救她脱离灾难，我要把最好的胡萝卜献给您！”这样，跑到了山谷那里，树木长得真是茂盛，树上还有小鸟儿叫，山谷底下，还有一条小河慢慢地流着，可是却看不见小棉花。

爸爸　一九六八·十一·三

凤凰树下的书包

佳儿，小臭臭：

妈妈兔在山谷里跑来跑去，一面跑一面大声叫：“小棉花！小棉花！我的女儿！”只听山那边有很大的声音，照样也叫：“小棉花！小棉花！我的女儿！”妈妈兔吃了一惊，怎么山那边也有人在叫小棉花呢？就停住了脚，又叫一遍：“小棉花！小棉花！我的女儿！”山那边果然又响起了同样的呼唤：“小棉花！小棉花！我的女儿！”佳儿，你猜这是怎么一回事呀？这就是回声呀。其中道理，问老师问妈妈就知道了，可是妈妈兔怎么知道这是回声呢？还以为是什么妖怪呢！吓得不得了。上次不是说过哥哥兔——小白球，去叫爸爸兔了吗？他们是往山坡那个方向找的，到了山坡之后，爸爸兔说："小白球，你往东找，我往西找，不要跑得太远，小心大狼。"爸爸兔跟妈妈兔一样，也是一面跑一面喊："小棉花！小棉花！我的女儿！"你猜，他这么喊，有没有回声呢？当然有回声，不过爸爸兔知道那是回声，所以没有害怕。可是任凭他怎么喊，都喊不到小棉花，爸爸兔跑得一身都是汗，心里又是怕、又是急，嘴唇都青了。这时候呀，天色渐渐黑下来，飞鸟们都回巢了，爸爸兔真要哭了，正在走投无路时，忽然听见小白球在远远的地方叫："爸爸，快来呀！我找到了小棉花的书包。"爸爸兔急忙跑过去一看，只见一棵凤凰树下面，放着一个书包，正是小棉花的，可是小棉花呢？谁也不知道她到什么地方去了。她教大狼吃了没有？下星期再告诉你！

爸爸　一九六八·十一·十

路旁有几滴鲜血

佳佳：

上一次我们说故事，说到什么地方呀？对了！是说到哥哥兔在一棵凤凰树底下，找到了小棉花的书包，爸爸兔和妈妈兔听见了哥哥兔叫喊的声音，急忙跑过去，果然是小棉花的书包。可是小棉花呢？却影踪不见，往前走了几步，忽然在路旁看见几滴鲜血，妈妈兔哭了，说："不好了！我的女儿一定教大狼吃掉了。"一提起那可怕的大狼，听山那边传来几声狼嚎，爸爸兔打了一个寒颤，就一只手拉着妈妈兔，一只手拉着哥哥兔，说：“不要离开我。”哥哥兔说：“我怕！”爸爸兔说：“不要怕，我们一块找妹妹！”三个人战战兢兢，一面走，一面哭，一面叫：“小棉花！小棉花！”唉！佳佳，你看，爸爸、妈妈是多么爱自己的女儿呀。记得你八九个月大的时候，我们住在通化街，有一天，女佣阿珠（你不会记得她了，有一次我去上班，你哭个不停，她把你放到水泥地上，我恰好忘了东西，转回去拿，看见了，心里疼得像刀割一样，就把她解雇了），那时她刚来，抱着你去小铺买东西，左等不回来，右等也不回来，爸爸跟妈妈想到会不会把你跌死，她自己跑掉了，当下就像疯了一样，沿着大街小巷，大声叫着：“佳佳！佳佳！阿珠！阿珠！”街上的人都呆呆地看着我们，以为真是两个疯子呢。叫了足足两个小时，回到家里看你回来了没有，才看到阿珠抱着你一歪一歪地走过来，一看到你笑嘻嘻的脸，妈妈跑上去，一把抱过来，快乐得滴下眼泪。可是，你猜阿珠说什么？后来邻居告诉她爸爸妈妈急的样子，她不但不同情天下父母心，反而说：“神经病！”你说，这是爱呢？还是神经病呢。

爸爸　一九六八·十一·十七

山谷底下传来声音

佳佳我儿：

你十一月十二日的信，我二十一日收到，三月间，你写信还只两三行，而这封信却写了十九行，你说：“您好吗？我是佳佳。”

使我想起你在电视上的镜头。我们分别了九个月，你也长大了不少，记得吗？你一放学，总是趴到爸爸怀里，跪在爸爸腿上，搂着爸爸脖子，嗅个不停，说："爸爸身上的味道真好闻啊。"妈妈最不喜欢你这话了，因为你喜欢闻的是香烟味道呀。如今，爸爸不在身边，每一思念你是个无父的孤儿，我便流泪，我不能见到你的两个哥哥，所以你就是我的命根，我知道你也很想爸爸，"暗中常滴思儿泪，只怕思父泪更多"。你说："您写字太累了，就不要写了。"大概妈妈告诉你我在这里都是趴在地板上写的，妈妈也这样劝过我，可是，这算什么"累"呢？一个星期只能写一次，让我累吧！不要说累，即令为我儿死，为妈妈死，我也愿意，也高兴。儿啊，你什么时候才知道为父的心呢？

现在再继续我们的小白兔吧。上次不是说到妈妈兔看见了几滴血，就哭起来了吗？爸爸兔一只手拉着妈妈兔，一只手拉着哥哥兔，一面走，一面叫："小棉花！小棉花！"这样找了好久，天渐渐黑了，风也大起来，一轮明月，在天边悬挂着，满地都是树木的阴影，凄凄凉凉，十分可怕，连爸爸兔都心惊胆怯了，正在这时候，忽然听见山谷底下有一个陌生的声音说："好呀！我可不怕你这个大狼！"妈妈兔急忙叫："小棉花！"爸爸兔说："这不是小棉花，不要说话，听听还有什么？"可是却再也听不到什么了。

爸爸　一九六八·十一·二十四

柏杨后来在自己的书房门上贴上「297」，这是狱中牢房的号码，无法忘怀的。

飞也似的跑向山谷底

佳佳：

爸爸兔、妈妈兔、哥哥兔在山崖上屏声静息地听着听着，听不到什么声音，妈妈兔忍不住了，向着山谷底下叫："小棉花！小棉花！回答我的话呀！妈妈在这里呀！"这时爸爸兔说："我们下去看看。"可是，迟疑了一下，对妈妈兔说："你最好跟小白球在这里等我，我一个人去。"妈妈兔说："那怎么行，我们三个人在一起，胆也可以壮一点。"爸爸兔说："你跟小白球能壮什么胆呢？万一遇到大狼，我又要照顾你们，又要打大狼，怎么能分开身呢？何况，我要是遇到小棉花，抱起来就跑了，有你们在一旁，怎么能跑得快呢？"妈妈兔一听，也很有道理，就说："我跟小白球留在放书包的地方等你，你可要特别小心呀。"爸爸兔说："你跟小白球也得小心，你看着东面，小白球看着西面，要是有大狼，你们就飞快地跑回家，千万不要跟他打。"小白球说："我们要是跑了，那么，爸爸，你呢？"爸爸兔说："孩子，不要担心爸爸，你看爸爸多么强壮呀！"说罢，就从地上捡了一根树枝，当做一条棍子，向小白球说："千万不要乱跑，跟妈妈在一起。"这才一步一步向山谷底下走去，山路真是难走，路面又窄，一边是千仞绝壁，一边是万丈深渊，要是一步走滑，掉了下去，会活活跌死，连骨头都跌碎了呢！心里想："小棉花最胆小了，她怎么敢来这种地方呢？"就要停住脚，可是又一想："说不定她被大狼抓住，正盼望爸爸救她呢。"想到这里，顾不得危险，立刻飞也似的向山谷底下跑去。

爸爸　一九六八・十二・一

大石头后会发声

小佳佳：

你寄的圣诞卡片好漂亮哟！今年圣诞节，爸爸没有什么可以送给你，但你知道爸爸爱你。你在圣诞卡上涂鸦的两行字："圣母会保佑您，我、妈妈都爱您！"傻孩子！你这些时给大舅父、毛舅父跟二位姨妈写信了没有？婆婆明年要到美国去，希望你和妈妈能跟婆婆走，妈妈去念研究所，你去念小学，你说好不好呀？可是先要叮咛你，不管怎么？都不要忘了你是中国人，不要忘了总是在悲剧中的祖国。——这些话，说得太深了些，让妈妈讲给你听吧。如果仍听不懂，也没关系，等你再大一点，就会懂了。

上次不是说到爸爸兔在山谷底下跑吗？山谷底下，十分阴暗，爸爸兔正在着急，忽然从一块大石头后面，响出一个声音说："嗨！看你慌慌张张的，找什么呀？"爸爸兔说："我找我的女儿小白兔。"那声音说："你女儿叫什么名字？"爸爸兔说："她叫小棉花。"那声音说："我刚才看见她躲在前面一个山洞里，大概怕黑，不敢出来，你快去接她吧。"爸爸兔说："哪一个山洞呢？能不能麻烦你指点一下。"那声音说："可以的，你在前面走，我在后面跟。"爸爸兔高兴得不得了，一跳一跳地向前跑。

爸爸　一九六八·十二·八

被关进魔术宫

佳佳：

爸爸兔一听说有人知道小棉花躲在什么地方，高兴得不得了，就在前面跑，跑呀跑呀，跑了一段路，那声音在后面说："好了，到了，路旁边不是有一个山洞吗？"爸爸兔说："哪个山洞呀？"那声音说："嗨，看见没有？洞门口写着三个大字呢？"爸爸兔停住脚，喘了口气，定了定神，借着明媚的月光，只见洞门口上果然写着三个大字，再仔细看了看，就说："朋友，是'魔术宫'吗？"那声音说："对了，就是那里，快进去吧。"爸爸兔说："那里一定是个好地方，我的小女儿一定玩得很好呢。"那声音粗暴地说："你怎么这样啰嗦呢？"爸爸兔因为马上就可以找到小棉花，高兴得什么都忘了，既没有看清楚谁跟他讲话，也没有听清楚那声音的音调有没有什么特别，就跑进那山洞，山洞里黑漆漆的，伸手不见五指，只有在远远的地方，有一点灯光，他就大声喊说："小棉花！小棉花！我的小女儿呀！"只听身后面轰隆的一阵声响，他转头一看，啊呀！奇怪呀！刚才洞口还有月光呢，怎么一下子月光没有了呢？难道天要下雨，云彩把它遮住了吗？可是，怎么连风都没有了呢？心里不由得有点害怕起来，向山洞口那里摸索着走去，心里想，等出去找到那讲话的朋友，问明白之后再进来不迟，他只走了几步，就碰到一个硬硬的东西，用手一摸，不禁叫起来："天啊！这是一道门啊！是谁把洞口关起来了？"又一想："糟了！我上当了，小棉花不会在里面的，我怎么出去呢？”正在又急又怕，只听有一个人在黑暗里哧哧地怪笑起来。

爸爸　一九六八·十二·五

见到双尾狼

心肝儿：

那哧哧的怪笑听来十分可怕，爸爸兔打了一个寒颤，头发都竖起来，下牙打着上牙，问说：“你是谁呀？”那声音说：“你这个呆瓜，连我是谁都不知道，怎么听我的话？我教你做什么，你就做什么呢？”爸爸兔说：“我一心一意想着我的小女儿，把心都想糊涂了，你到底是谁呀？”那声音说：“好吧，看看我到底是谁吧。”说罢这话，只听“啪”的一声，电灯亮了，山洞里照耀得像白天一样，爸爸兔急忙用手掩住眼睛——他在黑暗里太久了，一下子有了亮光，刺得他睁不开呢。等过了一会，能睁开了，抬头一看，哎呀！就在面前，站着一个毛茸茸的东西，浑身是又黑又脏的长毛，两个耳朵尖尖的，两个眼睛冒着绿色的凶光，长长的嘴大张着，露着森森的牙齿，用舌头舔着嘴唇上的血。爸爸兔这一惊非同小可，喊说：“你是大狼呀！”大狼说：“对了，我是大狼，你能被我吃掉，也实在光荣，要知道，我不是一个普普通通的大狼，我的身份比所有的大狼都要高呢！”爸爸兔定了定神，再仔细一看，看见了那大狼长着两条尾巴，那两条尾巴像两条蛇一样在地下拖着，不禁叫说：“你！你就是那有名的双尾狼！”双尾狼得意地大笑说：“你说得一点也不错，看起来我的名声传播得很远，你恐怕是天天看报吧？”

爸爸兔说：“有谁不知道你呢？你有两条像玩魔术一样的尾巴，害了多少可怜的小动物啊！”

爸爸　一九六八·十二·二十二

棒打双尾狼

佳佳：

上一信不是说到双尾狼把爸爸兔骗到“魔术宫”山洞里了吗？爸爸兔问他说：“不知道你吃了多少小动物啊。”双尾狼说：“这还用说吗？我吃的小白兔尤其多，嗨！小白兔的肉比别的动物的肉要香得多呢。”爸爸兔战战兢兢说：“天呀！你一定把我的小女儿也吃了。”双尾狼说：“是呀，那小女孩不听爸爸妈妈的话，到外面乱跑，我替你管教管教她，把她连皮带肉吃到肚子里，哈哈哈哈！”爸爸兔本来害怕得不得了，浑身发抖，腿也发软，可是一听那双尾狼说他已把小棉花吃了，心里一阵绞痛，胆量一下子壮了起来，举起他手里的棍子——佳儿，你记得不记得？爸爸兔下山谷的时候，不是捡了一根树枝吗？那是一根橡木树枝，坚硬得跟钢铁一样呢。爸爸兔因为恨死了那个双尾狼，用尽了所有的力气，朝双尾狼头上打下去，双尾狼没有想到一个大白兔竟然不怕死，敢打一个大狼，所以一点也没有防备。只听“咚”的一声，一棍正打中头顶，双尾狼摇晃了几下，立刻昏倒在地。爸爸兔这时才定了定神，看见双尾狼直挺挺地躺在那里，嘴里还滴着鲜血，又害怕起来，就找了一条绳子，把他的四只脚结结实实地捆住，等到捆好，已累得上气不接下气，心里想：“我怎么办呢？我一定要打死他，为我的小女儿报仇。”想罢，就举起棍子，要再打下去，可是，这时候，双尾狼已经苏醒过来了。

爸爸　一九六八·十二·二十九

双尾狼向爸爸兔求饶

乖佳佳：

双尾狼被爸爸兔捆住，眼看就要被打死，爸爸兔已经把棍子举起来，双尾狼却忽然从昏迷中醒来，用力一跳，他以为他可以跳起来呢，谁知道那么一用力，手脚被绳子勒得更痛了，就大叫说：“不要打我，不要打我，饶我一命吧！”爸爸兔说：“你这个大坏蛋，求我饶你，你为什么不饶我可怜的小女儿呢？”双尾狼说：“老实告诉你吧，我没有吃你的小女儿。”爸爸兔说：“那你刚才怎么说吃了我的小女儿呢？”双尾狼说：“我只是吓吓你罢了，快放开我呀！”爸爸兔说：“你说的话我不相信——你想想看，谁能相信一个大狼的话呢？”双尾狼无可奈何，只好说：“这么办吧，你呀，顺着这山洞，一直往后走，走到洞底，那里有三条岔路，你顺着右边那一条走去，大概要走一百五十步，靠左边上，有一块大青石头，你用手在那块大青石头上画两个十字，它就会自己打开，里面是我的厨房，有一只小白兔绑在那里……”爸爸兔一听，马上叫说：“那是我的小女儿吗？”双尾狼说：“不是，不是，不要性急，听我说

为解救柏杨冤狱奔走了九年之久的台湾原子科学之父孙观汉博士，于1978年，柏杨出狱的次年，与柏杨、张香华夫妇会晤。2005年，病逝，享年九十二岁。柏杨无限伤怀：「唉，再也找不到这么好的人！」

完呀，那小白兔不是你的小女儿，他只是跟你的女儿一齐玩的呢，我本来两个都要捉住的，你小女儿是个小鬼精灵，一转头就一溜烟地跑掉了，我只捉住了那个男孩兔，绑在那里，正要配酒吃呢，你问问他，就知道我有没有吃你的小女儿了。”爸爸兔赶忙向后面跑，双尾狼大声说：“啊呀，你只问问他就行了，千万不要放掉他呀！”爸爸兔恨得跺脚说：“你这个大狼，为什么这样凶恶呢？你教我饶你，你却不肯饶人。我当然放掉他，难道我会留下来教你吃他吗？”那双尾狼不敢再啰嗦了，爸爸兔跑呀跑呀，跑到了三岔路口，顺着右边那条路跑了一百五十步，左边墙上果然有一块大青石头，好大好大，比五张桌子加在一起还大呢！

爸爸　一九六九·一·五

米老鼠的忠告

小宝贝：

爸爸兔一看见那块大青石头，心里想，一定是这里了，就要用手去画十字，手都举起来，心里忽然又想：“我得小心点才好，大狼是个坏东西，专门害人，他教我画十字，说不定存心害我呢？”正在想着，有一只米老鼠悄悄地从洞里跑出来。嗨！佳佳，你不是在电视上看过“太空飞鼠”吗？米老鼠长得就跟他一模一样呀，只不过米老鼠只会跑，不会飞罢啦。那米老鼠悄悄地跑到爸爸兔跟前说：“兔先生，你好！”爸爸兔说：“米老鼠先生，你好！”米老鼠说：“我知道你遇见困难啦，看你的样子，一定是从双尾狼那里来的。”爸爸兔说：“对呀，你怎么知道的呀？”米老鼠说：“那双尾狼是不是还告诉你，要你在这块大青石头上画两个十字，它就会自动打开呢？”爸爸兔奇怪地说：“你怎么知道的呀？一定是刚才偷听了我们的谈话。”米老鼠说：“我没有偷听你们的谈话，要知道，一个正正派派的人，是从不偷听别人谈话的。我是看你慌慌张张跑来，东张西望，你刚才不是举起手来要画什么吗？我本来要大喊一声，叫你不要画的，可是看你把手又缩回去，知道你最最聪明，我才这么慢吞吞地告诉你，免得我大喊一声，害你吃一惊呢。”爸爸兔说：“谢谢你，米老鼠先生，我如果画上十字，大青石头会自动打开吗？”米老鼠说：“千万不要画十字，我看得多了，那些找孩子、找父母的小动物，啊！有一次我还看见一只妈妈羊，她也是来找她女儿的，她用角把大狼撞伤，大狼不能吃她，就骗她，说她女儿关在这里。那个可怜的妈妈羊为了找女儿，急得几乎疯了，我大声喊她不要画，她竟没有听见，我冲出去，咬她的腿，她还气我捣乱，踢我呢。我只好赶紧钻回我的洞里，那妈妈羊刚画完了十字，只听轰隆一声，大青石头砸下来，砸到妈妈羊头上，把妈妈羊砸死了。”

爸爸　一九六九·一·十二

又黑又亮的方砖

佳佳：

上一封信说到那妈妈羊被大青石头砸死，唉！孩子们不听大人的规劝，自己吃亏不算，连妈妈也害死了，应该不应该呀？爸爸兔听了米老鼠的这段话，害怕地说："老天啊！幸亏我没有去画十字，不然的话，我现在已被砸死了，怎么还能找我的小棉花呢？"正在说着，米老鼠耸起耳朵，低声说："兔先生，不要说话，听！"爸爸兔这时候也听到一种声音，咯吱！咯吱！是谁向他们这个方向走来了呢？心里十分疑惑。忽然间，一大团黑影像一阵风一样，呼的一声，从爸爸兔面前冲过去，米老鼠吃惊地叫："啊呀！"一跳就跳进他的鼠洞。——佳儿，你猜这是怎么回事呢？原来呀，那双尾狼不是被爸爸兔用绳子绑了个结实吗？你不知道，这个双尾狼所住的"魔术宫"是一个魔洞，不论绑得多么结实，那块大青石头下面，有一块黑颜色的方砖，又黑又亮，不管是谁，凡是想在那块大青石头上画十字的，一定得站在那块黑方砖上，只要往上面一站，所有绑到身上的绳子全都会自己解开，你说，奇怪不奇怪啊？所以，当米老鼠跟爸爸兔说话的时候，那可恶的双尾狼早已经蹑手蹑脚地、一溜一溜地，溜到了跟前，他本来要扑上来把爸爸兔吃掉的，可是，他更恨米老鼠，因为米老鼠拆穿了他的诡计。你要知道，一个邪恶的人，对那些戳破他假面具，暴露他真相的好心肠绅士，一定恨得入骨，比恨他真正面对面的敌人还要深，还要厉害。所以，那双尾狼就抛开了爸爸兔，直扑那米老鼠，谁知道米老鼠一晃身子，就进了洞，双尾狼用的力太猛，收不住脚，一头撞到墙上，撞得头昏眼花，跌倒到地上，像尸首一样，躺在那里。

爸爸　一九六九·一·十九

在白方砖上画三个方格

佳佳儿：

那双尾狼呀，真是一个坏东西，专门害人，这一次想吃米老鼠没有吃成，反而撞昏倒在墙跟前。米老鼠这才从洞里跑出来，拍拍胸脯，喘了口气说："啊哟，好危险哟！"爸爸兔简直被刚才这一连串发生的事情吓呆了，背靠着墙，两只大而长的耳朵直直地竖在那里，很久很久，说不出一句话。米老鼠说："不要怕，大狼不是已经撞昏了吗？一时还不会醒，等我找根绳子把他捆起来。"说着，就找出一根麻绳，跟爸爸兔把那只双尾狼捆了个结实，捆好之后，丢到路边。爸爸兔累得呼呼地说："我们现在做什么事呢？我恐怕要先走了，赶紧去找我的小女儿。"米老鼠说："不要走，兔先生，你不是要找你的小女儿吗？那大狼在这上头没有说谎，唉！坏人有时候也会说实话呢。我们且到他的厨房瞧瞧。我呀，仿佛看见大狼提了一个小白兔丢在那里。"爸爸兔说："可是，我们怎么进去呢？"米老鼠说："这个我知道，你往前走几步，小心点，千万不可以站到那块黑方砖上。只要往那块黑方砖上一站，大狼身上的绳子就又自动解开，那就糟了。你要站到那块白方砖上，看清楚那块白方砖没有？"爸爸兔说："看清楚了。"米老鼠说："等你站到白方砖上之后，就用手在那块大青石头上画三个方格，画第三个方格的时候，立刻把眼睛闭住，这时候会有一道闪光，要是不把眼睛闭紧，这道闪光真能把眼睛照瞎了呢！等这道闪光过后，门就自动打开了。"爸爸兔说了声："谢谢！"就一跳跳到那块白方砖上，用手在大青石头上画三个方格，在画第三个方格的时候，同时也把眼睛闭上，刚闭上眼睛，果然起了一道闪光，一道闪光过去，听米老鼠喊说：“兔先生，你可以睁开眼了。”

爸爸　一九六九·一·二十六

小刚强泪眼汪汪

佳佳：

米老鼠不是叫爸爸兔睁开眼睛吗？爸爸兔就把眼睛睁开，啊！真是奇妙啊！那块大青石头已经打开了，米老鼠跟爸爸兔走进去一看，果然是个厨房，不过，那厨房呀，可太大了，比我们住的整个光武新村还要大呢！里面堆了很多骷髅——你知道骷髅是什么吗？就是那大狼吃人的时候，只能吃肉，骨头却吃不下，剩下来的骨骼架子，就叫骷髅。有人的，也有兔的，也有獾的，也有狐狸的，也有羊的。爸爸兔看了，眼泪流了下来。叹口气说：“唉！这些死了的可怜孩子，他们虽然死了很久，可是，恐怕他们的爸爸妈妈还到处找他们呢！”正在悲伤，只听一个细小的声音叫说：“兔伯伯！米叔叔！快救救我呀。”爸爸兔耸起耳朵——小白兔的耳朵很长很长，会前后左右地摆动，非常好玩呢。听那细小声音又说：“快来救我呀！我马上就要死了。”爸爸兔说：“你是谁？你在哪里呀？我怎么看不见你呀？”那细小的声音说：“我叫小刚强，也是小白兔，就在你跟前。你往前走，不是有个石坎吗？我就在里面呢。”爸爸兔照着他的话，果然找到一个石坎，石坎里躺着小刚强。小刚强是个男孩兔，长得很是漂亮，可是，他现在却倒霉兮兮的、头发蓬蓬的、眼泪汪汪的，身上左一道、右一道，捆着绳子。爸爸兔急忙给他解开，他好懂礼貌啊，向爸爸兔一鞠躬，说："兔伯伯，谢谢你。"爸爸兔真高兴，说："好孩子，你爸爸妈妈多有福气呀，有你这么一个好孩子，他们一定急疯了。"小刚强说："是呀，所以我要马上回家。"爸爸兔说："我有一个小女儿，叫小棉花，你看见过她吗？"小刚强兴奋地说："你就是小棉花的爸爸吗？"爸爸兔说："是呀，你一定看见过她了。"小刚强说："我们刚才还在一起呢，大狼来捉我们的时候，她好快哟！一闪身就跑了哩！"

爸爸　一九六九·二·二

老头儿的胡萝卜

佳佳：

这个星期，妈妈来看爸爸，大哭着回去了。儿啊！我心如烈火在烧，七个月没有看见你，一定又长高不少了吧？堂堂世界，朗朗乾坤，妈妈、爸爸，加上我儿，我们的眼泪都哭不出一线生路，人生有时候是多么无可奈何啊，你快长大吧，免得为父的在睡梦中都为你担心（可是，你不要再来看爸爸。这封信到时，你恐怕已跟妈妈回婆婆家过年了，要快乐，孩子！为了爱爸爸，要快乐，但不要任性）。

接着说小白兔，那小刚强告诉爸爸兔说，小棉花已经跑掉了，爸爸兔心里很是高兴，就说："她往哪个方向跑的呢？"小刚强说：

“好像是往山坡那里跑的，我已经吓昏了头，没有看清楚往哪里跑的。”爸爸兔说：“你们怎么遇到一起的呢？看你的样子也是一个小学生呢。”小刚强说：“兔伯伯，我当然是一个小学生呀，你要是不信的话，看看我的书包就知道了。”说着就打开书包，拿出一本第二册《常识》给爸爸兔看，爸爸兔说：“你真是一个好学生。”小刚强听夸奖他，十分高兴，就说：“兔伯伯，你的小棉花才是一个好学生呢，她只上了一天学，老师讲的什么，她呀，她都懂得，一路还说给我听哩！”爸爸兔说：“可是小棉花的书包却扔掉了，你的书包却保管得这么好。”小刚强说：“你不知道，我们是在山坡下面碰见的，她一个人在那里跑来跑去，跑得很倦了，天又黑下来，正想回去，我才跑到。嗨！我们还是同学呢。我说：‘小棉花，再玩一会再走嘛！’她说：‘不行，爸爸妈妈会急死的。’我说：‘没有关系，我们再绕着那块地方跑三圈就走。’她说：‘好。’就这样呀，我们一起跑，刚跑完了第三圈，那面来了一个老头，手里提着一篮胡萝卜，青青的叶儿，真好吃，我们一瞧，连口水都滴出来了呢！就问说：‘老伯伯，你那胡萝卜是卖的吗？’”

爸爸　一九六九·二·九

长袍底下的尾巴

儿啊：

今天是阴历年的除夕，也是爸爸写信的日子，记得爸爸离家的时候，你坐在地毯上看电视，还向把爸爸带走的差人努努嘴呢，妈

爸爸兔已是那么大的人了，
为了小女儿，却哭起来。佳佳，
你看见爸爸哭过吗？

妈忧愁不安地在走廊上站着，他们保证爸爸十二点钟以前一定回来，所以爸爸倒很安心地走了，谁想到一去就是一年，而又回家无期。不要谈过去吧，也不要想过去，这会使爸爸哭，也会使女儿哭，更会使妈妈哭，人生有尽，爱无尽，还是让爸爸继续说小白兔的故事吧。

上一次说到小刚强跟爸爸兔见了面，小刚强告诉爸爸兔，他跟小棉花碰到一个老头，手里提着胡萝卜，就问那老头，能不能卖给他们一点呢？那老头和颜悦色地说："我这些胡萝卜都是不卖的，你们要吃的话，就跟我来，我住在'魔术宫'，宫里面多得很呢！"小棉花说："魔术宫！听起来一定是一个好地方，我们去玩，好不好？"小刚强说："好。"两个小白兔，就跟着那个老头，一直往"魔术宫"走去。说到这里，爸爸问你，小佳佳，你知道这个老头是谁了吗？嗨，你应该知道的，猜猜看，谁住在"魔术宫"呢？对了，就是那个双尾狼呀，你看，那双尾狼多坏，扮着老伯伯仁慈模样，要骗小棉花和小刚强呢。这两个小傻瓜，不知道马上就要被吃掉了，还高高兴兴地跟着他，一蹦一跳地走，走呀走呀，走到一棵凤凰树下面，小棉花忽然觉得不对呀，那老伯伯穿着长袍，长袍下面怎么露出来两条尾巴啊？心里一想，哎呀！他一定是双尾狼，就拉了小刚强一下说："不好了！我们快跑吧。"小刚强一愣说："你说什么？"小棉花低声说："那老伯伯原来是只大狼呀。"小刚强正在贪玩，哪有心听小棉花的话，可是那双尾狼已经听见了，他回转身来，问说："你们说谁是大狼？"小棉花吓得牙齿都打着颤，小刚强到底是男孩兔，他这时也看见了长袍下面的那两条尾巴，就大声说："你就是那大狼，而且还是双尾狼。"双尾狼说："胡说，我不是双尾狼，我怎么会是双尾狼呢？”

爸爸　一九六九·二·十六

露出真面目

小佳佳：

你看，那双尾狼多坏，他变成一个慈祥的老头，打算把小棉花跟小刚强骗到山洞里吃掉，想不到他那尾巴太长，从长袍底下露了出来，小棉花眼尖，一眼就看见了，可是，双尾狼还嘴硬呢，不承认他是双尾狼，一面把他的尾巴悄悄地缩回去，一面说：“你们两个小孩子，眼花了吧？我怎么会是双尾狼呀。”小棉花说：“我看见了你的尾巴。”双尾狼说：“尾巴呢？尾巴在哪里呀？”小棉花一看，对呀，长袍下面什么都没有。小刚强心里想：“刚才一定是眼花了。”双尾狼说：“走吧，跟我去吃胡萝卜吧！不要三心二意、胡思乱想了。”于是，他们就往前走，走着走着，走到了那个“魔术宫”的山洞。这时候，天快黑了，（佳儿，听爸爸的话，你以后无论去什么地方玩，天黑了之后，千万不要再去陌生的地方，一定要马上回家，家，有爸爸妈妈在，才是最安全的地方。）小棉花心里有点害怕，就想回去，可是，想一想那又红又脆又有绿叶的胡萝卜，就忍不住一直跟着走下去，就这样一直进了山洞，正想问胡萝卜在哪里呢，啊呀，不好了，那双尾狼把长袍一脱，把假面具去掉，小棉花、小刚强一齐喊说：“天啊，他真是双尾狼！”双尾狼眼睛里冒着凶光，笑着说：“你们两个小傻瓜，教人家说几句话就骗来了，可逃不掉了吧，我要把你们身上的毛拔掉，洗得干干净净，做成清蒸兔，一面喝酒，一面吃呢！”小棉花、小刚强又急又怕，哭着叫：“爸爸！妈妈！快来救我呀。”双尾狼说：“平常你们不听话，现在事到临头，谁也救不了你们了。”说罢，用前爪一扑，一只爪抓住了小刚强的书包，就捉住了小刚强，可是另一只爪去抓小棉花的书包时，却没有抓住，你猜为什么呢？

爸爸　一九六九·二·二十三

双尾狼爪下逃生

佳佳我儿：

让爸爸像在家时那么唤你一声：小女女！你一月二十五日的信爸爸收到了，考得怎么样？把分数告诉我，你说：“您讲的故事非常好听，不知道是您自己的故事，还是您编的？”傻孩子，爸爸怎么会成了一个小白兔呢？你又说：“爸，还有什么话讲呢？只有空等！”你才九岁，也不过是小学三年级学生，知道得太多了，我不喜欢你早熟，爸爸的事等你长大了之后再知道吧，如果爸爸还在人世，爸爸会告诉你，如果爸爸已经不在了，也会有人告诉你，到那时候，你会很骄傲地指着爸爸的名字说：“我就是他的女儿！”现在，哪个姓岳的孩子，不自认他是岳飞的后代呢？但，现在，你不要想爸爸的事情，也不要为爸爸哭，要多跟别的孩子们玩，爸爸离家时，你还要妈妈喂饭呢，现在，可以自己吃了吧。妈妈在你信后面写：“这信，是佳佳写了很久的，今天整理抽屉，发现了它，想不到她独自写信写得如此好！”妈妈这一段是二月十三日写的，孩子，你的信怎么放得那么久不寄给爸爸呢？你又在什么时候写这封信呢？以后，随时写随时寄给爸爸，我们父女的爱，会得到上天的恩典，是不是呀？星舅舅附写的话，也看到了，他说：“人在哪儿都是一样的！”真是一句很富哲学意味的话。

现在，继续说我们的小白兔吧。那双尾狼一把就抓住了小刚强的书包，也抓住了小刚强，可是双尾狼再去抓小棉花的书包时，却没有抓住，你猜，那是为什么呢？嗨，原来呀，小棉花贪玩，经过那棵凤凰树的时候，她觉得书包好重呀，就把它放到树底下，用一块石头压住，打算等到吃了胡萝卜回来，再背起来，想不到她这个小淘气这么一淘气，双尾狼抓她的时候，没有抓住书包——她已经没有书包了呀！小棉花看见双尾狼露出凶恶的真面目，吓得索索地打颤，双尾狼一抓她，她就从他爪底下飞也似的向山洞外跑去。

爸爸　一九六九·三·二

救女心切，一分钟也不能停

佳佳：

爸爸兔听小刚强说到这里，才松一口气，放下了心，就说：“米老鼠先生呀，现在怎么办呢？我往哪里找我的小女儿呢？”米老鼠说：“兔先生，依我的意思，今天已经这么晚了，妈妈兔、哥哥兔还在山上等着，妹妹兔、弟弟兔呢，两个人在家，一定会害怕，所以呀，我劝你还是回去，等到明天，多请些邻居朋友，一齐出来找，包管会找得到呢。而且，小刚强这孩子，也该送他回去了，他妈妈爸爸不知道急成什么样呢？”小刚强也说：“对了，兔伯伯送我回家吧，我恨不得飞着回去，我妈妈会哭死的。”说着，两行眼泪从他那小脸上淌下来，爸爸兔看了，很是难过，就掏出手帕，给他擦眼泪，说：“不要哭！乖宝宝，我会马上把你送回家，可是，我不能不找小棉花呀，她才那么一点点小，吃饭都要妈妈喂呢，又被大狼吓成这个样子，恐怕是吓疯了，在这黑夜里，她跑到哪里去了呢？说不定跌到山谷底下？跌断了腿，痛苦地喊：‘爸爸，快来救我呀！’也说不定有什么坏野兽把她捉住，正要吃她，她哭着喊：‘爸爸，快来救我呀！’我一分钟也不能停，一分钟也不能停。”说着说着，爸爸兔也哭了，想起小女儿正遇到危险，盼望他去救她，他却站在这里，心就像刀割的一样。

爸爸　一九六九・三・九

米老鼠送小刚强回家

佳，我的女儿：

爸爸兔已是那么大的人了，为了小女儿，却哭起来。佳佳，你看见爸爸哭过吗？爸爸很坚强，遇到再大的困难，也都不哭。只有妈妈最喜欢哭了，动不动就哭，你考幼儿园小班，得了一百分，爸爸和妈妈远远张望，你小小身躯大摇大摆在那里走来走去（有些小朋友就是怕），妈妈都高兴得哭了。可是，爸爸最近却哭过很多次呢。

米老鼠看到爸爸兔哭，心里叹息着："我一定要帮助他！"就说："兔先生，这么办好不好？你不妨继续去找你的小女儿，把小刚强交给我，我带他去山崖那里，把你继续找小女儿的消息，告诉妈妈兔和哥哥兔，请他们先回家等候消息。然后，我再把小刚强送回家。你呢，就顺着这条山路往下走，一面走一面找，不要离开太远，等我把事情办完之后，就回来追你。这一带地方，我最熟悉了，一定尽我的力量找到你的小女儿。"爸爸兔连忙说："你这番好意，我怎么报答你呢？"米老鼠说："能够看见你找到小女儿时的那种快乐神情，我就满意了。"爸爸兔说："你是一个好人，有一副仁慈的心肠，我们都感谢你！"

爸爸　一九六九·三·十六

来到大庙门口

佳佳：

米老鼠就跟爸爸兔告辞，拉着小刚强的小手，一直往山崖那里走去。临走时，小刚强说："兔伯伯！谢谢你救我，我爸爸会报答你呢。"爸爸兔说："好可爱的孩子，你真懂礼貌，做你的爸爸妈妈真应该骄傲，代我问候他们好。"

就这样的，爸爸兔捡起原来那根树枝，也不管那撞倒在地上的大狼的死活，沿着山路，走了下去。这时候，已经是半夜了，月光照射下的世界，跟白昼一样。他一边走，一边耸起耳朵，（嗨，佳儿，你可看见过小白兔耸起耳朵？）听一听有没有喊救命的声音。

可是，什么都没有呀。他就大声叫："小棉花！小棉花！我的女儿！"他这样一遍一遍重复地叫，叫得眼睛都昏花了。走呀走呀，走到一座大庙那里，那座大庙可真大呀，几百个人都住得下。他就去敲门，敲了很久，没有回声，爸爸兔喊说："对不起！请打开门好不好？我来找我的小女儿，她叫小棉花，在你们庙里面吗？"仍然没有回声。正在奇怪，忽然那庙门呀的一声开了，爸爸兔在门外等着，一定会有人出来才对呀。可是，等着等着，始终不见人影。

爸爸　一九六九・三・二十三

老和尚说双头蛇

佳儿：

你说，在那深深的夜里，深深的山上，一个大庙里，空空洞洞的，叫唤了那么久，都没有人应一声，害怕不害怕呢？无怪爸爸兔心里想："这一定不是个好地方，我还是赶快离开吧。"正要转身走的时候，忽然起了一阵大风，呼—呼—刮着，连月亮都刮得看不见了，飞沙走石，十分厉害，爸爸兔连忙把脸蒙起来，免得沙子刮到眼睛里。正在这时候，听那庙的后面，有一个人的声音说："兔先生，你快一点离开吧，千万不要再往里走，要是一走进当中的大殿，上面就会掉下来一条绳子，把你捆住。"爸爸兔说："你是谁呀？"那人说："我是庙里的老和尚。"爸爸兔说："你怎么知道这些事呢？你又在哪里呢？怎么不出来告诉我呀？"老和尚说："我不能出来，我们全庙院里一共有三百六十五个和尚，现在呀，

你说，在那深深的夜里，深深的山上，一个大庙里，空空洞洞叫唤了那么久，都没有人应一声，害怕不害怕呢？

被妖怪用魔法囚禁在后面的一间大房子里，也没有关门，更没有上锁，可是，那魔法却像一层看不见的玻璃一样。”爸爸兔说：“那妖怪是什么样子的呢？”老和尚说：“他是一条双头蛇！”爸爸兔刚逃出双尾狼的毒手，现在听说又有一条双头蛇，好像被雷打了一样，叫了一声：“哎呀！世界上怎么这么多害人的东西呢？”老和尚说：“双头蛇最喜欢吃人了，他把我们囚禁在这里，每逢月圆的时候，他就腾云驾雾地来到庙院，吃一个人之后才走，兔先生啊，我们已被吃了三个人了。”爸爸兔说：“那怎么办呢？你们总要想办法呀。”老和尚说：“我们有什么办法呢？被那妖怪捆在这里，纵然有通天本领，也施展不出啊。不过，我听说，在西天那里，有一个德赛山，德赛山上，有一个德赛洞，德赛洞里有一个神仙叫‘德赛仙子’，她的本领最最高强，如果能找到她，她手里常拿着一根小小的神杖，那神杖呀，就叫德赛杖，能请她把那德赛杖赐给我们，不但我们这些可怜的和尚得救，就是这一方的生灵也都得救了。因为那妖怪天不怕、地不怕，就怕德赛仙子，只要用那杖朝他一指，他就像触了电一样，马上头昏脑涨、四肢无力，我们就可以把他捆起来，关在山洞里，再也不准他出来害人了。嗨，我们要是心狠一点的话，用那杖朝他头上一敲，他就死了呢。”爸爸兔说：“既然有这种杖，你们怎么不早一点去求那神仙呢？”老和尚说：“我们也派人去求了呀，可是，那德赛山在大海那一岸，那么遥远，路上又多的是强盗土匪、狼豺虎豹，有些人没有走到就死了，有些人是在回来的道上死的，不是被强盗杀了，就是被虎豹吃了，所以落得今天这个下场。兔先生啊，只盼望你能救我们一救！”爸爸兔说：“你说的这个德赛山，在什么地方呀？我怎么才能找到它呀？”老和尚说：“这个德赛山在那西方快乐世界，远在天边，近在眼前，如果没有诚心，纵然走十年，走二十年，都走不到。你要是肯救我们，我就告诉你怎么走法。”爸爸兔说：“我当然很愿意救你们，为你们走得再远、受再大的辛苦，都没有关系，可是，我是来找我小女儿的呀，如果去德赛山，就不能找我小女儿了。”老和尚说：“你那小女儿叫什么名字？”爸爸兔说：“她叫小棉花。”老和尚说：“是不是一身雪白的毛，头发上还扎着蝴蝶结？”爸爸兔说：“就是她！就是她！你看见她了吗？她在什么地方？”老和尚说：“不要担心，是天刚刚黑了的时候，她慌慌张张跑进来，一面跑一面哭，一面哭一面喊：‘爸爸、爸爸！妈妈、妈妈！’”爸爸兔听到这里，低声地唤着：“我的女儿、我可怜的小女儿！”老和尚说：“不要伤心，兔先生，别看你那小女儿那么小，可真有见识呢！我就劝她不要哭，也不要跑进大殿，有什么话可以告诉我们，她就把遇见双尾狼的事说了，说了之后，又哭着要妈妈，好不容易才把她劝住，她呀，向四下看了又看，才发现竟然没有一个人，就又害怕起来。”

爸爸　一九六九·三·十六

小棉花独自上德赛山去救难

小佳佳：

小棉花一个人跑到那庙院里，东看看是空的，西看看也是空的，没有一个人，心里十分害怕，老和尚就说：“不要害怕，小妹妹。”小棉花说：“这么大的院子，连一个人都没有，你又在哪里说话呀？”老和尚说：“小妹妹，你先在门口那石凳子上坐下来，让我告诉你是怎么回事吧？”于是，就像刚才告诉爸爸兔那样，把双头蛇怎么害人、怎么吃人的事情，原原本本告诉了小棉花，小棉花心肠是多么软啊——别小看小棉花，她虽然小，可是却非常慈爱，不但是软心肠，还是侠义心肠呢！什么是侠义心肠呢？就是一心一意帮助别人。佳儿，你不是一直为爸爸和我们全家的苦难，祈求祷告圣母玛丽亚吗？爸爸再在这里教你念一段《圣经》：“你要尽心尽意爱主，爱你的神，你要爱人如己。”这一段《圣经》上的话，请妈妈讲解给你听，要做到这一步是不容易的，但我们只要有这种爱，就会慢慢做到，尤其是当别的人，无论他是朋友也好，陌生人也好，当他需要我们帮助的时候，我们一定要帮助他。小棉花呀，她就是这样的听了老和尚告诉她的话，心里很是难过，眼泪都流下来。可是，她一面流泪却一面说：“老和尚伯伯，你们被妖怪害成这个样子，我能不能去那德赛山，向那德赛仙子取那根德赛杖呢？她看我还是一个小孩子，会不会赐给我呢？”老和尚说：“德赛仙子是最慈祥的一位仙子，凡是向她求告什么，她都会很高兴地答应，只要你看到她，向她说明白我们受的这些苦难，她就会立刻把那德赛杖赐给你呢。只是呀，看你一个小孩子，为了救我们，千辛万苦地前往西方，实在有说不出对你的感谢。”小棉花说：“哎呀！我离家这么久了，爸爸妈妈在家里等我回去，一定等得急死了，怎么办呢？”唉！小棉花这个小白兔啊，这时候玩了个够，又几乎送掉了命，才想起了爸爸妈妈，可是一旦想起来了，就恨不得马上回家，她也知道爸爸妈妈会焦急的，万万想不到，爸爸妈妈会出来找她，当儿女的，哪里知道父母的心呢？老和尚屈指一算说：“不要哭，傻孩子，你爸爸妈妈他们早已不在家了。”小棉花吃惊地说：“他们怎么不在家，往哪里去了呀？”老和尚说：“说你傻，一点都不错吧！你爸爸妈妈早已经离开家，到山坡那里找你了，你以为你放学时没有回去，爸爸妈妈能安下心在家里干等吗？爸爸为了找你，几乎被双尾狼吃掉呢！”小棉花叫说：“老天呀！爸爸也遇到双尾狼啦！他一定会平平安安的，是不是呀？”老和尚说：“请放心，一切都非常平安，因为有米老鼠帮忙，所以妈妈兔、哥哥兔，还有那个小刚强，都回到家里去了。爸爸兔呢，他刚离开了魔术宫那个山洞，不久也会到这里来了。”小棉花一听爸爸妈妈都平安无事，快乐得不得了，擦干了眼泪，就说：“谢天谢地！我就在这里等爸爸，等他来了，我们一块去德赛山，你说好不好？爸爸呀！是个大好人，最听我的话了。”老和尚说：“小妹妹，你已经答应救我们了，本不应该再说别的，可是，你要知道，你早去一天，就早回来一天，就可以多救人命，你能不能先走一步呢？等爸爸来了，我请他在后面赶上去，你们在半途会见面的。”小棉花急着要救那里的和尚，就说：“好吧！麻烦你把我去的情形跟爸爸说清楚，请他不要挂念我，我要走了，可是，你还没有指点我怎么走法呢？”老和尚说：“说实在的，我也不知道怎么走法。不过，你出了大门，一直往山顶上爬，爬呀爬呀，爬到山顶上，山顶上有一个石头房子，石头房子里面有一张桌子，桌子上放着一本书，你向那本书鞠一个躬，问它往哪个方向走，它会告诉你的。”小棉花说：“我知道了，我现在就走，老和尚伯伯，再见。”说罢，转身就走了。老和尚夸奖说：“好一个可爱的小女孩，她会救出我们的。”

这是爸爸兔没有来以前，小棉花到庙院里面的情形，老和尚告诉了爸爸兔，爸爸兔听了，也放了心，正要告辞，那老和尚忽然喊起来说："不好了，双头蛇来了！"

爸爸　一九六九·三·二十三

书柜救了爸爸兔

佳佳，孩子：

告诉你一件事，在过去的七个月里，每个星期，我都给妈妈写一封信，信封里同时再附寄两信，一封是给你讲的小白兔故事，一封是给孙世钟姐姐讲的四十八孝故事。可是，就在前天，监狱官把我给你和给孙世钟的两封信，一齐退给我，并且警告我，以后一个星期只能写两封，一封只能写两百个字，这个规定是原来就有的，不过一向没有严格执行，现在不知道为什么缘故，这么煞有介事了。俗话说："在人屋檐下，不得不低头。"爸爸有什么办法呢？从这封信起，爸爸不能每个星期给你说故事了，但爸爸仍每个星期写下去，就存在我的身边，等到将来，有那么一天，我儿，你会看到的。那时候，你如果长得够大，也就是说，爸爸的冤狱得不到昭雪，你就自己读这些故事吧。你如果还很小，也就是说，爸爸得到了昭雪，能很早回家，我会读给你讲给你听的，现在啊！只有等待！

让我们继续小白兔的故事吧，上次不是说到爸爸兔在庙院里正要告辞吗？忽然间，那老和尚喊起来说："不好了，双头蛇来了！"爸爸兔听了，吓得浑身抖个不住，问老和尚说："我怎么办呢？"

你猜，那妖怪为什么一走到柜橱那里，就连连地打喷嚏？

老和尚说：“没有关系，你就躲在墙角那个柜橱里吧。”爸爸兔说：“那柜橱里是什么东西呢？”老和尚说：“那原来是个书橱，里面放的全是书，现在还放了一些笔呀、墨呀，但总可以塞进去一个小白兔的，你躲在那里，再安全没有了。”爸爸兔说：“那是为什么呢？”老和尚说：“这些等我以后再告诉你吧！现在快躲起来，妖怪要来了。”这时，外面又起了大风，树枝呼呼摇摆着，爸爸兔怕得不得了，一跳就跳进那个柜橱，里面果然放着好多书，他挤呀挤的，挤出一点空地方，就躲着一动也不动。只听呀，就在院子里，啪哒！啪哒！啪哒！一个妖怪慢慢地走进来，一进大殿，耸着鼻子，嗅了又嗅，自言自语说：“怪呀！怎么有生人的气味呢？”又往前走了几步，又耸着鼻子，嗅了又嗅，又说：“这还是一个小白兔的气味呢，我经常吃人，吃得嘴也腻了，肚子也腻了，应该换换口味，小白兔的肉跟人肉一样的香呀。”爸爸兔在柜橱里听了，吓得牙齿都咯咯地响，他急忙忍住，从柜门门缝往外看，只见那个妖怪长得真丑，青面獠牙，眼跟铜铃一样，手呀，不像人的手，却像火鸡的爪子，头呀，尖尖的，没有头发，长满了癞疮，教人又害怕又恶心。那妖怪说了那话，就沿着墙根，一步一步地嗅着，眼看就要嗅到柜橱那里，爸爸兔几乎吓昏了过去，好几次，他都想跳起来逃跑，耳朵边上却听到老和尚低声地告诉他：“千万不要跑！你能比风跑得更快吗？那妖怪却比风快几倍呢！”爸爸兔说：“他要吃我了呀。”老和尚说：“不要怕，你千万不要弄出什么声音，小心点，他要来了。”说着，那妖怪已嗅到柜橱跟前，欢喜地说：“就在这个地方，等我找找看。”他正要去找，却忽然打了一个大大的喷嚏，打了这个大大的喷嚏之后，那妖怪说：“啊呀！怎么又没有气味了呢？那小白兔一定是跑掉了，哈哈哈！你跑不掉的，让你先跑三天三夜，我一下子就追上了。等我再闻一闻，看你往哪里跑？”于是，他就从墙头那里，第二遍耸起鼻子嗅着，嗅着嗅着，又嗅到了柜橱跟前，又叫说：“哎呀！这一次我可找到了。”可是，等他要去开那柜橱的时候，只听啊—啾、啊—啾！接连着打了两个大大的喷嚏，打了两个大大的喷嚏之后，又嗅不到什么气味了。那妖怪还不甘心，又重新嗅起，他呀，本来是嗅到有生人气味的，可是只要他站在柜橱前面一嗅，就头也胀了，眼也花了，鼻孔呢，打了两喷嚏之后，好像有一个东西塞住似的，什么都嗅不到，妖怪急得发了野性，用他的钢爪去抓墙，把墙都抓出了五个深洞。——如果抓到人的身上，可怕不可怕呀？妖怪发了一阵火，就对自己说：“我的鼻子一定坏了，算那小白兔命大，饶了他，今天我是来这里吃人的，还是安安分分地吃人吧。”

爸爸　一九六九·三·三十

爸爸兔感恩图报

小佳儿：

你猜，那妖怪为什么一走到柜橱那里，就连连地打喷嚏？而且，第一次走到那里，只不过打了一个；第二次走到那里，却打了两个；第三次呀，他打了三个，吓得那妖怪不敢再去了，要是去一百次的话，他就要打一百个喷嚏呢，这是什么原因呀？爸爸现在告诉你，原来那妖怪最喜欢闻的是血腥的味道，在大海里面，有一种最厉害的鱼，名叫鲨鱼，嘴大大的，还长着跟钢锯一样的牙齿，人如果不小心被他咬住，一口就能咬掉一条腿，所以，凡是有鲨鱼的地方，人们都不敢游泳，怕被他咬死，这种鲨鱼最喜欢血的味道，人们掉到大海里，要是不小心有血流出来，好比说，打仗时候受了伤的军人呀，或是轮船上一失足跌下去的乘客们呀，只要身上有血，那鲨鱼在几里外就嗅到了，就会飞快地游来，游来后一见了血，就像疯了一样，张开大口咬人。爸爸说了这么多，就是告诉你，那妖怪跟鲨鱼一样，他嗅到了血腥的味道，就十分高兴，精神也振作起来。可是呀，他最害怕书，最害怕书的味道，只要一嗅到书的味道，他就忍不住要打喷嚏，一打喷嚏，别的味道就再也嗅不到了，所以，爸爸兔才逃脱了这场灾难。他躲的那个柜橱里不是有很多书吗？就是那些书救了他呢，如果不是那些书，妖怪早把他吃掉了。

且说爸爸兔走出柜橱，拍拍身上的灰，说："老和尚呀，我也谢谢你救了我，如果不是你指教，我今天也死了。我现在就去德赛山，但愿上天保佑，教我赶上我的小女儿，我们一定拿回来那根神杖。"老和尚说："上天会保佑你的，天已经亮了，你快去吧！记住，找到山顶那石头房子和那本书！"爸爸兔走到院子里，天果然亮了，东方的天上，太阳刚刚升起，显得一片光明。爸爸兔走出庙门，走了不久之后，前面果然有一座大山，他想："对了，这就是老和尚说的那山了。"

爱你的爸爸　一九六九·四·二十七

双头蛇的善脸和凶脸

佳：

那座大山，跟别的大山不一样，别的大山全是石头的，而爸爸兔眼前那座大山呢，却全是泥土的。这时候，山脚下有几只山羊在那里吃草，爸爸兔就问：“羊先生，早安！”山羊也回答说：“兔先生，早安！看你不像是我们本地人呢。”爸爸兔说：“是呀，我是来找我那淘气的小女儿，才找到你们这里来的。”山羊说：“有一个漂亮的小白兔，头上扎着红颜色的蝴蝶结，可是你小女儿吗？”爸爸兔高兴地说：“正是她，正是她！”山羊说：“她昨天晚上刚跑过去，说是要去一个什么地方找什么仙女呀，跑得飞快飞快的。”爸爸兔说：“她跑得飞快飞快的吗？真是一个热心肠的好孩子，她是为了救人才跑这么快的呀！”山羊问：“救人？救什么人？有人要死了吗？”爸爸兔说：“羊先生，你听说双头蛇没有？”山羊说：“怎么没有听说过呢？他是最坏的妖怪了，专门吃人。”爸爸兔说：“对呀！他现在就在这个地方，每逢月圆那天就要到那庙院里吃一个和尚呢！”山羊听了，不但不害怕，反而笑着说：“兔先生呀，你真会说笑话，想用双头蛇吓我们，是不是？地狱里才有双头蛇，我们这里哪来的双头蛇呢？不要提那庙院里的和尚了，他们才不是好东西呢！”爸爸兔说：“怎么不是好东西呢？”山羊说：“去年的时候，有一天下午，庙院里放着很多花盆，花盆里长着一种草，又香又嫩，我们就进去吃了，谁知道跑出来三四个和尚来赶我们，还说：‘这些讨厌的羊，把水仙花当成草吃！’有一个和尚还踢了我一脚。”爸爸兔说：“唉，羊先生呀，水仙花是很贵重的花，你把它当做草吃了，他们当然要生气呀。”山羊说：“就是昨天吧，我从庙院门口经过，往里望望，里面静静的，想进去玩，可是，出来一个人，笑嘻嘻地说：‘山羊呀，你快走吧，这里的和尚们都是有名的强盗，如果看见你在门前走来走去，会把你打死，剥你的皮哩。’因而，我就跑走了。”爸爸兔听了这一段话，心里想，怪了，庙院里的和尚，都被妖怪用魔法禁了起来，怎么还有人跟山羊讲话呢？又说那些可怜的和尚都是强盗呢？啊！对了，他急忙问：“羊先生呀，跟你笑嘻嘻说话的那个人，眼角上可有一个疤？”山羊说：“是的，有一个疤。”爸爸兔说：“他鼻子上可有一个痣？”山羊说：“是的，有一个痣。嗨，你敢情认识他？”爸爸兔说：“他就是善脸呀！”山羊说：“善脸？善脸是谁？”爸爸兔说：“善脸就是双头蛇的一张脸——他的另一张脸是凶脸，才可怕呢。”山羊呆了一会，摇摇头，说：“兔先生，你说的什么呀？我不信，一点也不信。”爸爸兔说：“你不信，我有什么办法呢？在这以前，我也不信呢。再见吧，我要上山了。”山羊也说：“再见吧，可是天气要变，恐怕要下雨呢？”爸爸兔抬头一看，真的，太阳没有了，满天都是黑云，还刮着一阵一阵的凉风，爸爸兔想，真的要下雨了，怎么办呢？正在想着，就有几滴雨珠落到他脸上，山羊说：“兔先生，那边有一个山洞，你可以去躲躲雨，等这一阵雨过了再走吧。”爸爸兔说：“谢谢你。”说罢，一直向那山洞跑去，临走时，对山羊说：“羊先生呀，你也要躲一躲雨呀。”山羊说：“没有关系，我们山羊是不怕雨的。”爸爸兔跑到了那山洞，刚进了洞，外面的雨就哗啦哗啦地下起来，如果慢跑一步，身上就淋湿了。爸爸兔在

柏杨八十周岁大寿，一生中难得的全家团聚。后排左起：郭本垣（垣垣）、齐怡（垣垣妻）、郭本城（城城）、郭逎中（城城之子）、尚静利（冬冬之子）、刘丽凤（城城妻）、郭素萍（冬冬）、崔渝生（毛毛）、林蔚文（香华次子）、曹长安（毛毛夫君）、林蔚川（香华长子）。前坐左起：张香华、柏杨、艾逎美（佳佳之女）、郭本明（佳佳）、孙观汉先生。

洞里等着，打算那一阵大雨过去后就走，可是，那雨一直下着，左等不停，右等也不停，等得心里十分烦，一不小心，手臂在墙上碰了一下，听那墙壁里面，有个小小的声音问说："谁呀？是谁在敲门呀？"爸爸兔奇怪地侧起耳朵，心里想：真是奇怪了，这声音是问我的吗？我没有敲门呀，而且墙上光光的，也没有门呀。

爸爸　一九六九·五·四

参加花鹿女儿生日宴

佳佳儿：

爸爸兔在山洞里，听到墙壁里面有个小小的声音问说："谁呀？是谁在敲门呀？"爸爸兔说："你在哪里说话呀？"那声音说："请等一下，我来开门。"说罢，只听嘶嘶嘶嘶一阵响声，那山洞的墙壁上出现了一个大门，从里面传出很好听的音乐，爸爸兔非常惊讶，心里想：'这是什么地方呢？'只见有一只小鹿走出来，向他一鞠躬，说："兔先生，请进来吧，我们非常欢迎你进来呢。"爸爸兔说："谢谢你，可是，小朋友，我可以问一句吗？"小鹿说："可以问呀，凡是我知道的，一定全部告诉你。"爸爸兔说："真是奇怪了，墙上怎么会忽然开了一道门呢？你们又是什么人呢？"小鹿说："兔先生呀，先告诉你，这里是我们的家，住着爸爸、妈妈、哥哥、姊姊、弟弟、妹妹，这个门，无论外面里面，一点都看不见，可是只要心里念着：'爸爸妈妈，我爱你们啊！'门就自然开了，要是爸爸妈妈想开门怎么办呢？他们心里就念着：'孩子们，我爱你们啊！’门也照样会开。”接着，小鹿又说：“现在，请进来吧，今天，是我小妹妹八岁的生日，爸爸妈妈为她举行一个小小的舞会，请了好多小朋友参加呢。”爸爸兔说：“你妹妹一定是一个可爱的孩子，可是，真是抱歉，我没有带礼物来啊。”小鹿说：“你能够亲自来，就非常欢迎了，请进，请进。”爸爸兔进去之后，小鹿恭恭敬敬，默念了一句，那门果然嘶嘶嘶嘶地又重新关起来。这时候，爸爸鹿、妈妈鹿看见客人进来，连忙迎接，啊！好多小朋友啊！都在客厅里跳舞，伴着优美的音乐，真是漂亮啊！等到一个舞跳完，大家朝着爸爸兔招呼说：“兔伯伯你好。”爸爸兔也说：“小弟弟、小妹妹，你们也好。”大家说：“谢谢兔伯伯，我们都好。”爸爸兔说：“哪一位是小寿星呀？”在很多小朋友中，一个最惹人注目、满身都是美丽白斑点的小梅花鹿走出来，向爸爸兔行了一个礼。站在旁边的爸爸鹿就介绍说：“这就是我的小女儿，她叫小梅花，你看到她身上这些白斑点吧，是真正的梅花鹿呢！”爸爸兔说：“好漂亮的小女儿，我因为不知道会参加你的生日宴会，所以没有带礼物来，请你原谅，可是，我有几句祝福的话，要送给你——我祝福你：身体健康、一直这么快乐。”小梅花说：“谢谢你的祝福，请问，你也有小女儿吗？”爸爸兔说：“我也有小女儿，跟你一样大呢！”小梅花说：“我也祝福她同样身体健康，一直这么快乐。”爸爸兔说：“你真是一个有教养的孩子，多么懂礼貌啊。”妈妈鹿这时候走过来说：“好了，小朋友们，吃饭的时候到了，快去洗手吧，洗过手，就请到饭厅里来。”大家听说要吃饭了，好不高兴，纷纷去洗手，一会功夫，都到了饭厅，桌子上放了一个大蛋糕，蛋糕上插了八支小红蜡烛，妈妈鹿把它点着，大家围着桌子，团团坐下，就由小梅花领头，唱生日歌，这生日歌跟我们平常听惯了的生日歌不一样，我们平常听惯了的生日歌，一开头不是“祝你生日快乐”吗？小梅花她们唱的生日歌是这样的：

就在今天，一个人来到这世界上。爸爸妈妈是多么欢喜，邻居朋友也都高兴歌唱。啊！请听这上达天庭的歌唱。

就在今天，一个人来到这世界上。成为一个有才能的人，一直怀着一副孩子般的心肠。啊！请纪念这可爱的心肠。

就在今天，一个人来到这世界上。一点一滴辛苦地读书和工作，全放着人生最宝贵的光芒。

唱罢了生日歌，小梅花弯下腰，一口气把那八支蜡烛都吹熄了，大家一齐鼓掌庆贺她，她就把蛋糕切开，首先送了一份给爸爸兔，说：“兔伯伯，你是我的大客人，请你先吃！”爸爸兔呀，看见小梅花这么乖，真是爱呢。

爸爸　一九六九·五·十一

醒来又见双头蛇

儿啊：

听爸爸继续给你说双头蛇的故事。

小梅花在她家做生日，先送了一块生日蛋糕给爸爸兔，然后又送一块给爸爸鹿、妈妈鹿，再然后呢？就由小朋友们分吃了，一个人一块，大家吃呀吃呀，嘴上全是奶油，好像长了白胡子似的，你看看我，我看看你，不由得都笑了。吃过饭之后，爸爸兔就要告辞，小梅花连忙跑到墙那里，默默地念了一句，墙上嘶嘶嘶嘶地响了一阵，门就开了，大家都向爸爸兔摇手说：“再见，再见。”爸爸兔也摇手说：“谢谢你们的招待，再见，再见。”说完了这话，门就又关上了。爸爸兔想：“这真是一个好地方啊。”走到山洞外面一看，雨已经停住了，不过天上仍布满乌云，好像随时都会再下雨的样子，就不顾一切，一直往大山走去，看见那几只山羊还在老地方吃草，爸爸兔说：“谢谢你们的指点，我总算躲过了一场大雨，而且在那山洞里，还吃了一顿最丰富、最美好的午饭呢。”山羊说：“那山洞里空空的，怎么会有午饭呢？”爸爸兔说：“真的呢，山洞里住了一家小鹿，他的小女儿过生日，请了好多小朋友呀。”山羊说：“你说什么？山洞里有一家小鹿？他们什么时候搬来的？”爸爸兔说：“他们搬来一年多了。”山羊说：“你看，怎么会有这回事呢？我们呀，昨天还去那山洞里玩过，什么都没有看见呀。”爸爸兔说：“他们不住在山洞里，而是住在石头墙里。”就把他遇到的事情告诉山羊们，可是他们一齐说：“我们常去山洞里玩，挤来挤去，从没有听说有什么声音呼唤过，兔先生呀，你是骗我们的吧？”爸爸兔无可奈何，只好说：“对不起，我得赶路了，再晚走的话，天黑之前，就赶不到山顶上了。”山羊说：“对了，你要去找你小女儿的，别耽误得太久了，快点走吧。”爸爸兔就一直往山上跑去，可是呀，天不是刚下过雨吗？那山又是一座土山，所有的道路全成了稀泥，爸爸兔一走一滑——往前走一步，就往后滑半步，一会功夫，就出了一身大汗，而且身上溅满了泥浆，走了几个小时，还没有走到半山腰，眼看天就要黑了，爸爸兔着急说：“怎么办呢？这样走下去，明天再走一天也走不到山顶呀。如果是一个晴天，路上干干的，我只要半个小时就跑到了，真是命运不济。”这时候，他想再向那些山羊请教请教应该怎么办。可是那些山羊正在山脚那里低着头吃草，不肯抬头，任凭爸爸兔怎么叫，他们都听不见，爸爸兔叹了一口气，呆呆地坐在路边，想不出一个主意。不久呀，天就黑下来，因为是阴天，没有月亮，到处都是黑漆漆的，爸爸兔心里害怕，这时候万一跑出来一个大狼，要往哪里逃呢？可是也没有别的办法呀！如果有月亮，他还可以借着月亮的光，继续往前走，偏偏没有月亮，路又是那么滑，又是在山脊上——佳佳，你知道什么是山脊吗？山脊就是两个山谷当中高起来的地方，一不小心，就会掉到万丈高的深谷底下，爸爸兔怎么敢走呢？只好呆呆地坐在那里，等天亮了再走。这样，等到半夜，爸爸兔有点困了，就闭起眼睛打盹。在睡梦中，忽然，有一个人把他推了一下，他没有醒，那人又推了他一下，他才醒了，睁开眼一看，啊！你猜站在他面前的是谁？原来竟是那妖怪双头蛇呀。爸爸兔立刻吓得抖起来，双头蛇说："你这个白兔，真是太可恶了！昨天晚上，躲在庙院书柜里偷看，今天又到处讲我的坏话，现在我可把你抓住了。"爸爸兔说："我昨天晚上不是故意去偷看的，是无意中走到庙院里，碰巧碰上的，请你原谅才好。"双头蛇说："怪不得我一直闻到一股生人气，都是那些书的味道把我弄胡涂了，要不然昨天晚上，我就把你吃了。"爸爸兔说："你为什么要这么狠呀？"双头蛇说："我不狠，不吃你，让你到处说我不好吗？"爸爸兔说："我没有到处说你什么呀！"双头蛇说："你还想赖呀，今天早上你跟那群山羊说些什么？也真是好笑，那些山羊竟然不相信你的话，天底下傻瓜多的是，骗不完的呢。不过正因为这个缘故，我得找到你，把你吃掉，不然的话，你这么长久地宣传，大家知道地狱里的双头蛇现在竟然就在他们的面前，就要想办法对付我了。而且呀，你最该死的是，把我那一套凶脸善脸的法宝告诉别人，使别人拆穿我的诡计，我怎么能饶你呢？”说罢这话，张开血盆大口，就要吃爸爸兔。

爸爸　一九六九·五·十八

双头蛇施计骗咒语

佳佳：

妈妈来看爸爸，说，我儿病了——泻肚！儿啊，爸爸不在你身旁，无法疼你，你小小年纪，要听妈妈的话，小心食物。记得吗？我们住建国南路的时候，你才四岁吧，平常不肯吃饭，可是女佣一转眼，你却一歪一歪地，去把院子盘子里的狗食抓着吃了，结果上吐下泻，连呼吸都微弱了，急忙送到儿童医院住院，注射盐水针，爸爸晚上就陪你睡在病床旁的地板上，总算是好了，现在你又害病，爸爸不在跟前，妈妈一个人怎么照顾得及呢？妈妈虽然说你已经痊愈了，但我仍要嘱咐你：“苍蝇叮过的东西不要吃，街上小摊贩卖的东西不要吃，吃饭以前，一定要洗洗手。”

现在，再继续听我讲故事吧，双头蛇不是张开血盆大口，要吃爸爸兔吗？爸爸兔跳起来就跑，为了逃命，他跑得比飞的还要快呢。你知道，兔是跑得很快的动物，很难能赶得上，可是呀，双头蛇是一个妖怪，他摇身一变，就变成了一阵风，唉！风跑得更快呀，爸爸兔在前面跑着，只听身后风声呼呼呼呼地响，还听见双头蛇说：“你跑不掉的，我非把你吃了不可，吃了你，我回去还要吃那些山

绿岛终于走出历史的伤痕，街上的商店、餐厅、精品店、民宿（旅社）林立，这间民宿在星空明亮的背景和黄、红、绿的窗帘下，格调温馨。

羊呢，那一群呆瓜，也不能让他们多活几天呀。”爸爸兔不管这些，只管拼命地跑，跑呀！跑呀！忽然间，他觉得一只巨手已把他抓住，回头一看，天啊！那正是双头蛇的钢爪啊！爸爸兔心里想：“这一次是死定了，可怜的小棉花，为了你不听爸爸妈妈的话，到外边乱跑，爸爸竟送掉性命，小女儿啊！你没有了爸爸，以后只有妈妈一个人疼你，爸爸再不能疼你了。”想到这里，眼泪忍不住掉下来，双头蛇哈哈大笑说：“你现在后悔，已经迟了。”爸爸兔说：“我有什么后悔呢？我只后悔我不该碰上你，你要吃只管吃吧，将来会有人为我报仇的。”双头蛇说：“报仇我不怕，哼！看我有这么大的本领，还怕小白兔吗？那简直是一个大笑话。不过，我倒不一定吃你，只要你帮我做一件事。”爸爸兔说：“帮你做一件什么事呢？”双头蛇说：“山下面不是有一个山洞吗？山洞里不是住着小鹿一家吗？”爸爸兔说：“是呀！”双头蛇说：“他们不是住在山洞墙壁里面吗？”爸爸兔说：“是呀！”双头蛇说：“你不是知道那个开门的咒语吗？”爸爸兔说：“是呀！”双头蛇说：“那么，事情就好办了，你把那开门的咒语告诉我，我就不吃你，放你走。”爸爸兔说：“你要那开门的咒语干什么呢？”双头蛇说：“干什么？我想去拜访他们呀。”爸爸兔说：“你既然要我告诉你那开门的咒语，就该把我松开，像现在这个样子，把我抓得紧紧的，我怎么能说得清楚呢？”那妖怪认为他说得有道理，就把他松开，爸爸兔心里想：“我告诉他不告诉他呢？如果不告诉他？他一定吃了我。可是，如果告诉他呢？他说去拜访什么的，一定讲谎话骗我，他是个妖怪，准是要吃小鹿一家呢，那怎么得了。我宁愿现在就死，也不要告诉他。”想到这里，忽然间，耳边上有一个小小的声音说：“兔先生，没有关系，把咒语告诉他好了，告诉他，他也打不开。”这声音明明是庙院里那老和尚的声音呀，爸爸兔就也用小小的声音问说：“怎么会打不开呢？那妖怪一旦知道了咒语，小鹿一家的性命就不保了。”老和尚的声音说：“你放心，我会害你？会害小鹿一家吗？”这时，双头蛇已等得不耐烦，发起脾气来了，问说：“你讲不讲？要讲就马上讲，要不讲呢，我现在就吃你。”爸爸兔只好说：“好吧，我告诉你吧，你走到山洞墙壁那里，面对墙壁，心里诚恳地念着：‘小鹿，我爱你们啊！’墙上自然就会嘶嘶嘶嘶露出一个门来。”双头蛇说：“这么简单吗？”爸爸兔说：“是的呀，我骗你干什么呢？”双头蛇说：“我现在不能放你，你得跟我一块去山洞那里，等我叫开了门才放你。”爸爸兔无可奈何，只好跟那妖怪一块去那山洞，双头蛇就面对着墙，念说：“小鹿，我爱你们！”可是，那墙壁一动也不动，妖怪再念一遍，墙壁仍然一动也不动，爸爸兔在旁看了，又奇怪，又害怕，奇怪什么呢？奇怪这咒语到了妖怪嘴里果然没有用；害怕什么呢？害怕妖怪不放过他。果然，双头蛇念了几遍之后，就大大地发怒了。

爸爸　一九六九·五·二十五

嘴里说爱，心里想吃人

佳佳：

我儿五月二十一日的信，爸爸今天正好接到，知道你在学校当了排长，又当了体育队长，爸爸心里真高兴啊！可是，听妈妈说，你晚上总是不吃饭，人瘦得很，又教爸爸担心，我儿一定要吃晚饭才行啊，如果不吃晚饭，爸爸就会难过，就会为挂念你而流泪，那更使爸爸痛苦，记住！一定要吃晚饭，还要多吃青菜、豆腐，爸爸就放心了——爸爸知道这封信目前寄不出去，我会告诉妈妈的，我所以写在这里，是准备有一天，你会看到这封信，那时候，你照样要提醒自己，注意饮食，不要饿坏了身体。

上一信，我们说小白兔，不是说到双头蛇念动咒语，念了好几遍，一点用都没有吗？双头蛇就大大发怒了，伸出他那钢铁一样的爪，要抓爸爸兔，可是啊，只听墙里面传出来一阵嘻笑的声音，双头蛇大声说："谁在那里笑？"那声音说："我在这里笑。"双头蛇说："你是谁？"那声音说："我是小鹿。"双头蛇说："你笑谁？"小鹿说："我能笑谁呢？我在笑你呀。"妖怪一听说小鹿在笑他，气得眼睛冒出可怕的凶光，用他毛茸茸的拳头打那墙壁，轰隆一声，冒出火星，碎石头随着他的拳头掉下来，妖怪一面打一面喊说："你这个该死的小鹿，不知道天多么高、地多么厚，竟敢笑我，我非把你捉住吃下肚不可。"小鹿一点也不生气，只笑嘻嘻地说："妖怪呀，你刚才不是还念着：'小鹿，我爱你们'吗？怎么一会功夫，就要吃我们呢？告诉你，双头蛇先生，要想到我们这里来，再简单没有，只要在心头默默地念着：'我爱你们'，门自然会开的，可是，这句话必须是真心话，门才会开，如果不是真心话，嘴里说爱，心里却想吃人，那门怎么都不会开的。这只能怪你自己心太坏，怎么能怪兔先生呢，他并没有骗你呀。"妖怪听了这话，又想起一条计策，什么计策呢？他就把爸爸兔抓住，教他念那咒语，双头蛇说："我明白了！原来是这么回事，这好办得很，好吧，兔先生，你念吧，你心里是真正爱小鹿的，你一念，门一定会开，等门开了，我不是一样可以进去吗？嗨，我真傻，为什么没有早想到这一点，偏偏要自己念呢。”佳佳，你看，那妖怪是多么恶毒啊！小鹿在墙壁里听见妖怪这种办法，一家大小都哭起来了，鹿小妹——小梅花跟她的那些来给她做生日的小朋友们，也都哭起来了，小梅花抱住妈妈鹿的脖子，号叫说：“妈妈！妈妈！怎么办呢？兔伯伯是真心爱我们的，他会把门念开的呀。”妈妈鹿安慰她说：“孩子，不要哭，不要害怕，兔伯伯既是真心爱我们，就不会做出害我们的事呀。”爸爸兔在外面听了，心都碎了，可是双头蛇听了，却哈哈大笑说：“你们总算怕了吧，亲爱的兔先生，快念吧。”爸爸兔大胆地说：“我不念。”双头蛇说：“你说什么？你不念？”爸爸兔说：“是的，我不能利用爱心去害人，我不念。”双头蛇说：“好！你不念，我现在就剥了你的皮，活生生地剥了你的皮，你死了没有关系，可是你就再也看不见你的小女儿了。”爸爸兔听妖怪提到他的小女儿，忍不住滴下眼泪，说：“这样好了，你抓我这么紧，我怎么能念得出来呢？请你松开手，让我喘一口气再念，好不好？”双头蛇认为他有道理，就把手松开，说：“好吧，你现在念吧。”爸爸兔站在那里，左思右想，想不出一个好办法，如果是念呢？小鹿一家人都会被妖怪吃掉；如果不念呢？自己就被妖怪吃掉，自己死了算不了什么，可是，小棉花就没有爸爸了呀！想到这里，忽然间，他呀，像天上打的闪电一样，嗖的一声，冲出了洞口，跑了！双头蛇想不到爸爸兔会跑，所以吓了一跳，等到定一定神，才狠狠地说：“你往哪里跑？我非捉住你不行，这次捉住你，可再不放你，让你叫开门，连白兔、小鹿，一古脑儿一块吃掉。”说罢，摇身一变，变成一阵旋风，追赶爸爸兔去了。再说那爸爸兔冲出了洞口，一直往山顶上跑去，为什么向山顶上跑呢？因为他听老和尚说，山顶上不是有一个石头房子吗？石头房子里不是有一张桌子吗？那张桌子上不是放着一本书吗？

爸爸　一九六九・六・一

比绿豆还小的灯——萤火虫

佳儿：

那桌子上放着一本书，对爸爸兔有什么用呢？他为什么想到那本书？往哪个方向跑呢？前面不是说过吗？妖怪是最怕书的，一见了书，他的凶性就发不出来了，所以爸爸兔拼命往山上跑，希望能跑到书那里。可是，佳佳，你想一想，他怎么能跑得过妖怪呢？白兔跟人赛跑，人跑不过白兔，白兔跟妖怪赛跑，就跑不过妖怪了。他跑了一段路，听到背后呼呼呼的风声，知道妖怪追上来了，心里害怕，而那山路，又窄、又滑，唉！白天不是刚下过一阵雨吗？现在呢，山路上全是稀泥，周围都是黑漆漆的，什么都看不见，忽然间，双头蛇已经赶到背后，嘿嘿嘿嘿冷笑说："你往哪里跑？这一次再不放过你了。"说着，伸出他那比刀子还锋利的钢爪，就要抓爸爸兔，爸爸兔这时再也没有地方躲了，眼看就被抓住，正在十分危急的当儿，脚下不留心，滑了一下，他刚喊了一声"啊哟"，身子呀，就像一个皮球似的，滚到山谷底下，而且正滚到一个洞穴的门口，这个洞穴有多大呢？你说巧不巧？它正好只有一个白兔那么大，不过，它可深着呢。爸爸兔就急忙钻进去，刚钻进去，双头蛇的钢爪已“喳”的一声，抓到了洞口，几乎抓住爸爸兔的尾巴，一把没有抓住，双头蛇在洞口外面气得哇哇乱叫，说：“好吧！算你找到了好地方，可是，你总不能在里面躲一辈子吧？我就在门口守着，你躲一天，我守一天；你躲两天，我守两天；你躲一年两年，我守一年两年，你饿得慌了，怕你不出来呀。”爸爸兔也不敢回妖怪的话，只趴在地上，喘着气，等着等着，等到眼睛慢慢地能看清楚了，更是失望，洞是那么小，又是那么深，很远很远的地方，仔细地听，有流水的声音，大概是一条小河了，他心里想：“我不妨往里走走，能到小河那里，说不定可以逃走呢。”他就往里走，走了不久，就有两条岔路，一条往左，一条往右，不知道走哪条才好。管他的，暂时走右边的那一条吧。走了不久，又是两条岔路，爸爸兔十分迷惑了，这么多岔路怎么办呢？只好靠右边走吧，这样走着走着，真是奇怪！竟然又走回到老地方了。爸爸兔很是生气，我这一次靠左边的那一条岔路走，于是又走，见到岔路就往左边走，走着走着，你猜走到什么地方了？原来照样走回到老地方。从洞口往外望望，双头蛇那妖怪气忿忿地还在那里守着，钢爪举得高高的，准备着随时要抓爸爸兔呢。爸爸兔困在那里，正没有办法，只觉得很远很远地方，有一点点比绿豆还小的灯光，在慢慢地向他移动，那是什么呢？他正在奇怪，一会功夫，那一小点点灯光到了面前，原来是萤火虫呢。萤火虫向爸爸兔说：“兔先生，你好！”爸爸兔说：“萤火虫先生，谢谢你问我好，我有什么好呢？被困在洞穴里，走也走不掉，逃也逃不掉，妖怪就在门口把守，我有什么好呢？”萤火虫说：“兔先生，告诉你，永远不要绝望，总会

绿岛天然独特的地质景观之外，更由于开放了曾经是禁地的监狱供游人参观，观光客络绎不绝，许多当地人就将自家住宅改建成民宿（旅社），造型浪漫。

有办法的。”爸爸兔说：“我恐怕是死定了，你如果见了我的小女儿，告诉她：庙院里那些可怜的和尚们跟山洞那些小鹿的生命，都很危险，她如果已拿到那德赛杖，当然最好，如果没有拿到，一定要去拿到，拿到之后救了人，赶紧回去看妈妈。”萤火虫说：“你放心，我见了她一定会告诉她，不过我是来救你的，这里岔路太多，一个陌生人是怎么都走不出去的，像双头蛇那么厉害，他蛮可以变化成一阵风进来呀，他也不敢。只有我们一家，几千年来都住这里，知道得清清楚楚，所以特地来带你出去呢。”爸爸兔说：“啊，那太好了！我该怎么谢谢你呢？”萤火虫说：“现在不要说客气话了，只要跟着我走就行了。”于是萤火虫在前面飞，爸爸兔紧跟在后面，曲曲弯弯，转弯抹角，一会走左边的岔路，一会走右边的岔路，一会走中间的岔路，一会往东走，一会往西走，这样足足走了几个小时，爸爸兔走得满身是汗，只听萤火虫说：“到了！到了！”果然，转过最后一个弯，嗨！眼睛忽然一亮，来到了一个很大的花园，那花园里有各式各样的鲜花，还有蝴蝶在飞，太阳已从东方天上升起来，照得爸爸兔眼都花了呢。

爸爸　一九六九·六·八

终于找到石屋里的书

佳佳臭：

爸爸兔来到了一个花园，到处是花呀、草呀、鸟呀、蝴蝶呀、蜜蜂呀，就喊说：“萤火虫先生呀，这一定是神仙住的地方了。”

萤火虫说："这里没有神仙，也不是神仙住的地方，这里只是一个和平的地方，大家住在这里，相亲相爱，互帮互助，过着快快乐乐的日子。对了，让我给你介绍一些新朋友吧。"其实，用不着他介绍，那里各式各样的小动物，青蛙啊、蚱蜢啊、画眉啊、麻雀啊、鸽子啊，大家都围上来，很关心地问爸爸兔从哪里来，又往哪里去。听说爸爸兔为寻找小女儿遇到了那么多危险，都非常同情他、尊敬他，有的就请他去吃饭，有的就请他去洗澡。最后，还是萤火虫说："这样吧，各位的好意，兔先生都十分的感谢，可是，他不能在我们这里久停，马上就要出发赶路呢，我们每个人送他一件礼物，让他带在身上，再遇到危险的时候，能够得到帮助，不是更好吗？"大家听了，一致地说好！于是，萤火虫在前，鸽子是第二位，蝴蝶是第三位，青蛙是第四位，蜜蜂是第五位，每个人都送给爸爸兔一个小包，爸爸兔一一道谢地收下来，可是心里却奇怪地想："这是些什么礼物呢？一点点小，好像是金钢钻呢？"萤火虫看见爸爸兔的样子，知道他在想什么，就说："刚才我不是说过，送给你一点礼物，当你再遇到危险的时候，好帮助你吗？所以，我们这些礼物不是普通礼物，别看它小，到时候却能够救你性命呢。你呀，这一次去找小女儿，又要救庙院里的和尚跟这一方人士，必须要到德赛山去见德赛仙子，德赛山在哪里，我们也不知道，不过，听说在那遥远的天边，要经过十座恶山、十条恶水，才能到呢。我们送你这些礼物，都是附着魔法的，你如果一路平平安安的，当然很好，可是，如果遇到大灾大难，走投无路、生死关头时，不妨打开一个小包看看，我们祝福你一路福星呢。"爸爸兔想不到这些小小的礼物，会有这么多奇妙的用处，就要告辞，萤火虫说："你不是先要到大山上那间石头房子里去吗？”爸爸兔说：“是呀！可是，从哪条路走才能走到呢？看你们这里，连山的影子都没有，大概距离那大山有几千里呢。”萤火虫说：“怎么会有几千里呢？等我告诉你，你从这个方向一直向前走，走呀走呀，走到一棵大槐树跟前，向那大槐树行一个礼，它就会告诉你怎么走。只一会功夫，就到山顶上了。”爸爸兔向大家告辞，说声：“再见！”照着萤火虫的吩咐，一直走去，走了一个时辰，路旁果然有一棵大槐树，他就上前行一鞠躬礼，说：“槐树先生，对不起！我想到大土山上那间石头房子里去，萤火虫先生说你可以告诉我路径，是吗？那棵大槐树树干里轰隆轰隆响了一阵，就有声音说：“就在我这棵大槐树下面，有一块大石头，看见了吗？”爸爸兔说：“看见了。”大槐树说：“那块大石头旁边，有一个洞口，看见了吗？”爸爸兔说：“也看见了。”大槐树又说：“就从那里钻进去，钻进去之后，遇到岔路，记住！一直靠右边那条走，就可以走到了。”爸爸兔说：“谢谢你。”说罢，他就钻进了那个洞，嗨！别小看那洞口，从外表看起来，又脏又小，可是钻进去之后啊，就好像进了一条大隧道，不但高，而且阔得很呢。爸爸兔照着大槐树吩咐的话，遇到岔路，一直靠着右边的那一条往前走，走了没有多久，就到了洞口，抬头一看，啊呀！面前不远，不是有一座石头房子吗？爸爸兔高兴得不得了，一口气就跑了进去。那座石头房子并不大，一共只有三间，大门也敞开着，里面没有一个人，当中那一间的正中央，放着一张桌子，桌子漆得油油亮亮的，擦得十分干净，就在桌子上，放着一本书，那是一本什么书呢？爸爸兔急忙跑过去一看，可是，上面写的字密密麻麻，左一行，右一行，前一行，后一行，怎么看也看不懂。心里想：“糟糕了！老和尚说只要看了这本书，就会告诉我走的道路，可是我看了这么久，怎么什么都看不出来呢？老和尚绝对不会骗我的，这一定有什么原因。”想着想着，忽然想起来：“唉！老和尚教我一鞠躬，我却连头都没有点，这般没有礼貌、没有诚心，怎么能找出道路来呢？”马上就恭恭敬敬向那书一鞠躬。

爸爸　一九六九・六・十五

金银笛会指点迷津

佳，吾儿：

爸爸兔向那本书一鞠躬，只见呀，从那本书上冒出一阵一阵的黑烟，后来又冒出来一团一团熊熊的火焰，在火焰里，有一个很洪亮的声音说：“白兔先生，你好！”爸爸兔连忙说：“书先生，你好！”那声音说：“你有什么事要我帮忙吗？”爸爸兔说：“对不起！你能不能告诉我往德赛山，应该怎么走呢？”那声音说：“我知道了，你一定是为了救那庙院里的和尚、为了救那地方的生灵，才去德赛山，找那德赛仙子，要她那德赛杖，来降伏妖怪的，对不对呀？”爸爸兔高兴地说：“听你这么一说，你什么都知道了，那再好不过，请快告诉我吧。”火焰里的声音说：“我会马上告诉你，你呀，你就靠着右边那条小路，走到山下面，然后一直往前走，走到一座大树林，树林里面，有一棵最大最大的大松树，你要在树上敲七下，树就会开一个门，迎接你进去。然后呀，你向他们借一支金银笛，那笛子一半是金子做的，一半是银子做的。你借到手之后，走到树林外面，找一个空旷的地方，吹起那笛子来，吹了一个曲子之后，放下笛子，向天上喊着说：‘凤凰！凤凰！’就会飞来一只凤凰，你骑到他背上，他会把你载到大海的边上，在大海边上，你再吹那金银笛，就会有一只船驶过来，你上了船，如果有人向你要那支金银笛，你就给他，那人就会告诉你以后该怎么走。”爸爸兔听那声音指点得这么详细，连忙说：“谢谢你！谢谢你！我现在就告辞，赶路去了。”那声音说：“好吧，再见吧！白兔先生。”爸爸兔也说：“再见吧！书先生。”可是，当他转过身来，正要走的时候，却忽然听见火焰里轻轻地叹了一口气，他心里觉得很奇怪，刚才还是那么洪亮的声音，怎么会叹一口气呢？其中一定有什么原因，就又转回来，向那书再一鞠躬，问说：“书先生呀，刚才那叹气的声音是你吗？”那声音说：“是的。”爸爸兔说：“书先生啊，你为什么叹气呢？难道你以为我走不到德赛山吗？”火焰里的声音说：“从这里到德赛山，一路上的危险太多了，一不小心，就会在半路上被害死呢。”爸爸兔说：“没有关系，我会很小心的。”那声音说：“危险你不怕，可是还有呢，一路上有各式各样的诱惑，像好吃的呀、好玩的呀，人走到半路，往往会变了心，不去德赛山了，就在半路停了下来。”爸爸兔说：“有这样的人吗？书先生，我决不会的，决不会上别人的当，在半路变心，我一定要走到德赛山，找到德赛仙子。”那声音说：“那太好了！不过那些变心的人，当初在我这里问路的时候，一个个也都这么说呢，也都很有抱负、很有志气呢。这些人呀，他们变了心之后，我就在他们背上画一个圆圈圈，每过一年，就再加上一个圆圈圈。你在中途，如果遇到什么人，只要一看他背上有没有圆圈圈，就会知道他是不是变心的人了。”爸爸兔说：“书先生，我非要把德赛杖取到手不可，决不会半路改了主意，何况，我还要找我的小女儿呀。”火焰里的声音说：“对了，白兔先生，要随时警惕自己才好，等你回来，一定会再经过这里，到那时候，我有一样很贵重的礼物送给你跟你的女儿。”爸爸兔说：“啊呀，什么礼物呀？”火焰里不再有声音回答了，爸爸兔又问说：“书先生，能不能先告诉我，是什么礼物呀？我见了我女儿先告诉她。”可是，那火焰刹那间消失了，一阵一阵的黑烟也消失了，爸爸兔走到书那里看了又看，又用手摸了又摸，完完整整的呀！爸爸兔为了追赶小棉花，不敢再停留下去，急忙照着刚才告诉的那条小道，一口气跑到山底下，休息了一会，就一直往前走，他以为那座大树林很近很近，一会功夫就可以走到呢，谁知道呀，整整走了一天，还看不到大树林的影子，不但看不到大树林，连小树林都没有啊。可是，天渐渐黑下去了，心里非常着急，就在山边找了一个石洞，那石洞真漂亮呀！四周的青石板都是光滑滑的，爸爸兔躺了一会，忽然闻到好香的味道，这是哪里来的呢？就顺着香味，往后面找去，啊！好多胡萝卜放在那里呀，爸爸兔这时候正在饿呢，高兴得不得了，一跳就跳上去，想要吃那胡萝卜。谁知道，脚刚刚一落地，一口还没有吃呢，只听得哗啦一声响，就从上面掉下来一张网，把爸爸兔结结实实地绑住了。

爸爸　一九六九·六·二十二

绿岛公路旁，橘红色的林投果子长得像菠萝，可以用作头饰，可以做甜汤喝，可以当菜吃。

爸爸兔身陷罗网

佳佳儿：

那个网呀，说它是钢丝的吧，它比钢丝要软得多了；说它是棉线的吧，它比棉线要坚牢得多了。爸爸兔被罩在里面，怎么挣扎都挣扎不脱。想钻出去呢？那网洞太小，钻不出去；想把网绳咬断，网绳是那么结实，又咬不断，他就像疯了一样拼命往外撞，可是呀，他不撞还好，越撞呀，那网越往里收缩。到了最后，就把爸爸兔紧紧地缠起来，连动都不能动呢。爸爸兔大声叫说：“这是谁的网呀？为什么藏在这里害人呀！”这时候，一个脚步声传进来了，爸爸兔抬头一看，不禁吓得魂都没有了，佳儿，你猜来的是谁？竟然是“魔术宫”那个大狼呀，那大狼走了进来，往爸爸兔面前一坐，打了一个嗝，就说：“哈哈！白兔先生，想不到又在这里跟你见面了，自从你进了我的山洞，不但没有把你吃掉，”说到这里，他又打了一个嗝，打过了嗝后，接着说：“反而呀，跑掉了小刚强，我怎么不生气呢？这一次，我把你捉住，你可再也跑不了啦。偏偏我现在吃得正饱，肚子里再装不下一个白兔了，等到晚上再吃你吧。”说罢，又打了一个嗝，就把爸爸兔从网里捉出来，用一根绳子把他的手跟脚都绑住，扔到墙角里，说：“我呀，我是个聪明的人呢，这条路上，行人虽然不多，可是，他们一半以上都是去德赛山找德赛仙子的。我还没有告诉你，在别的地方呀，妖怪闹得很凶，很多人都想到德赛仙子，辛辛苦苦地去找她。这些人都太善良、太诚实，最容易上当了，所以我天天有得吃。这地方比那魔术宫好得多，那地方太偏僻，有时候几天都吃不到一个小动物呢。”说着，又打了一个嗝。爸爸兔说：“你既然知道他们很善良、很诚实，而且，他们也不是为了自己的好处，是为了大众的好处，你为什么还狠心吃他们呢？”大狼说：“哼！我，双尾狼，就是专门吃善良诚实人的。”说着，把他的那两条尾巴十分骄傲地在地上扫来扫去，扫得灰尘都扬起来。爸爸兔既害怕又生气，就说：“你这个大狼，不要这么神气，总有一天我们会拿到那德赛杖的，你在德赛杖底下，不过是一条小毛虫而已，大家会起来报仇，要你偿命！”大狼说：“白兔先生，你一辈子也拿不到那德赛杖，那德赛杖如果像你想的这么简单、这么容易，一下子就可以拿到，别人早拿到了，我们也早完蛋了，哈哈哈哈！我到外边去看看还有没有别的傻瓜来？等晚上再来吃你。”大狼走出去，就搬了一个大石头，把洞口堵住，在外面说：“安心地等死吧，这一次再也没有人来救你了。”听他的脚步声，啪哒、啪哒的，向远处走去了。爸爸兔躺在墙角，叹口气说：“这一次是真正地死定了，唉！我的灾难为什么这样多呢？刚逃脱一个，接着就又来一个，是我的命运不好呢？还是这世界上本来就有这么多坏人呢？”正在悲哀，忽然呀，他听见有人叫他：“兔先生，兔先生。”爸爸兔精神立刻振作起来，就回答说：“你是谁呀？你的声音怎么这样的熟悉呢？我好像在什么地方听到过？你到底是谁呀？我想想看，对了，你是米老鼠——先生。”米老鼠说：“你的记忆真好，正是我呢，你不要着急，我是来救你的，可是，洞口这块石头太大了，推又推不动，打又打不开，我现在正在夹缝地方另外再打一个洞，等洞打好了，就可以钻进去救你。”爸爸兔说：“你可得快一点才行啊！那大狼说，黄昏的时候他就要回来了。”米老鼠说：“你放心吧，我会在黄昏之前打通的。”爸爸兔说：“妈妈兔呢？哥哥兔呢？还有小刚强呢？”——啊，佳儿，你还记得这些人吗？如果不记得的话？请妈妈把以前爸爸写给你的信再念一遍给你听，你就会记起来谁是谁了。米老鼠说：“我把他们都送回家去了，现在都在家等你的平安消息呢。我呀，我把他们送回家之后，就顺着你走的方向追着找你，找呀找的，刚才我才走到这里，正想休息一下，却看见那大狼走进山洞……”

爸爸　一九六九・六・二十九

米老鼠一同遭殃

小佳儿臭：

米老鼠接着说：“那大狼呀，不知道刚吃了什么人，一面走一面打嗝，一面打嗝一面用他那钢指甲剔牙。”——你看，只有妖怪才一面走路一面剔牙的，那是多么难看呀，你千万记住，不要一面走路一面剔牙。米老鼠说：“我想，这个坏大狼一定在这山洞里又做什么坏事了，我就在他背后跟着，悄悄地跟着，只见他呀，用手往那块黑石头上轻轻地点了三点，哗啦一声响，一张网就掉下来，正好把一个什么人罩住，我这才发现是你遭了难，心里急得不得了。可是，我有什么办法呢？只有躲在外面，盼望他走了再进去救你，想不到他走的时候，搬了这么一块大石头把洞口堵住了。”爸爸兔说：“你现在怎么办呢？能再打通一个洞吗？”米老鼠说：

“你听说过一句俗话没有？‘龙生龙，凤生凤，老鼠生下来就会打洞。’嗨！我们老鼠就是会打洞，暂时不要跟我说话，让我专心专意地工作，包管一会功夫就钻了进去。”爸爸兔就不再说话了，米老鼠也真能干，本来是堵得密密的，连风都不透呢，他却一下子真的打通了一个洞，钻了进去，一直跑到爸爸兔跟前，用牙齿去咬，在他以为，一咬就把那绳子咬断了，谁知道呀，不咬还好，只一咬，就哎哟一声！跳到旁边，痛得眼泪都流下来，爸爸兔吃惊地问说：“米先生，怎么啦？”米老鼠说：“事情不好办，这绳子不是普通绳子，上面有妖法的，我咬到上面，就好像咬到一块炭火上面，几乎把我痛死，这怎么办呢？”爸爸兔说：“你看一看，能不能解开呢？”米老鼠弯腰看了很久，摇摇头说：“解不开，解不开，那大狼简直是越来越坏了！再坏下去，准再生出第三条尾巴，就成三尾狼，更不是东西了，他呀！不知道从什么地方学来的？这绳子是没有结的，从哪里解呢？”爸爸兔听了这话，真是绝望了，就说：“米先生，你已尽了你的力量，我十分感谢你，不必再管我了，我拜托你，如果见了我的小女儿小棉花，告诉她，要她以后再也不要任性乱跑了，要安静下来念书。”米老鼠说：“不要紧的，等我再想想，还有没有别的办法？”正在这时候，听那洞外边，大狼在那里说话：“咦！是谁在这里打了一个洞？”爸爸兔说：“不好了，大狼来了！”米老鼠摇摇手，听那狼说：“难道小白兔跑掉了？不会的，我那绳子是有妖法的，解不开也咬不断的。对了！一定是那米老鼠，他专门跟我作对，这一次呀，我得把他捉住，看他往哪里跑？”说着，把那石头移开一看，米老鼠果然在洞里，不禁高兴得磨着牙：“哈哈！今天的晚饭可真丰富啊。”说罢，就把米老鼠捉住，也用绳子把他捆起来，跟爸爸兔放在一起，说：“你这个米老鼠，最喜欢坏我的事，你如果安安分分的，我早把爸爸兔吃掉了。”米老鼠说：“大狼呀，你这两条尾巴是有名的，你知道你为什么有两条尾巴吗？那是因为心太狠才长出两条尾巴呀，你为什么不学好呢？可以吃的东西很多，为什么偏爱吃最善良、最诚实的小动物呢？你知道有多少人像爸爸兔一样，去德赛山求德赛仙子吗？一旦有一天，有谁拿到了那德赛杖，朝你头上一指，你就完了，你为什么不想一想呢？”大狼说：“哈哈！你眼看命都没有了，还敢这么教训我，胆子可真不小，告诉你，去德赛山，大大小小要有二十一个灾难，哼！任凭是谁都过不去，我怕什么？真正怕的，应该是你啊。”米老鼠说：“这二十一个灾难，我们今天算是碰到第一个了。”大狼用他的两条尾巴很得意地敲着地面，敲得啪啪作响，他说：“对了，这第一灾难你们就过不去，还想过其余的二十个灾难呀。等天晚了之后，我还要请几个朋友，一块来吃你们，现在呀，躺在那里，好好地悔过吧。”爸爸兔说：“你这个可恶的大狼，我们有什么过好悔呢？”那大狼十分生气，用脚踢爸爸兔，说：“悔过不悔过？悔过不悔过？”爸爸兔被踢得十分痛苦，只好说：“悔过！悔过！”大狼这才哈哈哈哈笑着走了，临走时，照旧把一块大石头堵住洞口。

爸爸　一九六九・七・六

双尾狼和灰狼准备饱餐一顿

佳儿：

爸爸兔等到大狼走了之后，对米老鼠说：“米先生，对不起你！都是我害了你，我们恐怕逃脱不了，再不会有人来救我们了。”米老鼠不说话，爸爸兔说：“米先生啊，你在那里恨我吗？”米老鼠说：“我怎么会恨你呢？我是在思考呀，所以没有回答你。”爸爸兔说：“我也在思考呢，嗨！想起来一件事，我在萤火虫花园里的时候，那里的好朋友送给我五个小包，说是里面附着魔法，必要时可以救命呢！”米老鼠说：“好呀！那是五个什么小包呀？”爸爸兔说：“一个小包是萤火虫送的，一个小包是鸽子送的，一个小包是蝴蝶送的，一个小包是青蛙送的，一个小包是蜜蜂送的，可是不知道里面包着什么。”米老鼠说：“等我想想，哪一个小包现在可以帮助我们？”想了一会说：“把鸽子送的那一个小包拿出来试试？或许用得上呢。”爸爸兔说：“可是我的手捆得这么结实，缩不回来，怎么办呢？”米老鼠说：“没有关系，我的手可以伸到你口袋那里。这个大狼呀，他把我们放在一起，如果分开来放，就没有办法了。”爸爸兔说：“鸽子送我的那个小包，我放在右上边口袋，是一个白纸包，拿到了吧？”米老鼠说：“拿到了。”就把小包打开，啊！佳佳，你猜，里面是什么东西呀？原来是一个跟米粒大的小小鸽子呢，那小小鸽子说：“白兔先生早，米先生早，你们有什么事情吩咐我去做吗？”爸爸兔一看，这么一点点的小鸽子，能做什么事呢？十分地失望，心里想：“完了！完了！这一次再没有别的生路了。”只听米老鼠说：“你能长得大一

今绿岛的环岛公路上，有一排椰子树，让人不由在心中弹起《绿岛小夜曲》的歌谣。

点吗？”小小鸽子说：“当然可以！你如果需要老鹰那么大，我就可以变得跟老鹰那样大。”米老鼠说：“用不了那么大，只要跟普通鸽子一样大就可以了。”小小鸽子说：“可以的，现在就要这么大吗？”米老鼠说：“不，洞口外面的墙上有一块黑石头，等一会，大狼来了，你呀就飞出去，听我叫：‘好了！’你就用嘴朝那黑石头上连啄三下，好不好呢？”小小鸽子说：“好的，我会办到的。”一切都商量好了，他们就安静地等着。一直等了很久，天快要黑下来了，才听见大狼的脚步声音，另外，还有一个客人呢，两只狼高高兴兴地到了洞口，大狼说：“请等一下，等我把石头挪开。”挪开了石头，米老鼠就轻声地告诉小小鸽子说：“你现在可以飞出去了，看见那块黑石头之后，就准备着，听我的口令。”小小鸽子说：“好的，再见吧。”就跟一只蚊子一样，飞了出去，这时大狼已经进来了，他的客人是一只灰狼，两只狼看见他们的晚餐仍然在那里，很是高兴。大狼说：“你是客人，白兔就让你吃，我就吃米老鼠好了。”那灰狼说：“谢谢你，白兔的肉一定很好吃呢。”大狼说：“现在我们可以摆起桌子，慢慢地吃了。”他们就去搬桌子，走来走去，都走不到中央那个位置，有时候大狼走到了，灰狼却在另一个地方；有时候灰狼走到了，大狼却在另一个地方，这怎么办呢？只捉到一只狼不行呀！必须两只狼一块捉到才行呀，你想，仅只捉住一只，另外的一只不是照样可以吃他们吗？所以呀，米老鼠心里十分着急，就生了一计，叫说：“大狼、大狼！你来看看，怎么当中这里，有一摊血呢？”大狼说：“等我来看。”走到当中，用鼻子闻了又闻，说：“胡说八道，怎么有血呢？”米老鼠说：“你这个大狼呀，心太坏了！眼睛不中用，鼻子也不中用了，不信的话，请那灰狼来看一看，到底有没有？”灰狼说：“对了，等我来看看。”他就跑过来，跟双尾狼站在一起，还没有开始嗅呢，米老鼠就大叫说：“小小鸽先生，好了！”那小小鸽子把身子一摇，变成普通一样大的鸽子，朝那块黑石头上，“邦”、“邦”、“邦”啄了三下。——下次再讲吧。

爸爸　一九六九·七·十三

米老鼠智擒两恶狼

佳佳：

米老鼠不是大声说：“小小鸽先生，好了！”那小小鸽子就变成大鸽子了吗？大狼正在地上嗅着，看有没有血呢。他抬头说：“你这个米老鼠，跟谁说话？”米老鼠说：“跟我的朋友说话。”大狼说：“我看你死到临头还不老实，你的朋友在哪里呢？”米老鼠说：“你跟灰狼如果站着不动，我就把我的朋友指给你。”大狼说：“好吧，我们就不动，把你的朋友指给我吧。”原来呀！大狼的心很坏，他想，米老鼠的朋友，一定是山羊呀、白兔呀、波斯猫呀，指给他看了之后，他就把他捉来一块儿吃掉，所以一动也不动站在那里。那小小鸽子（哇！不对，现在应该是大鸽子了，是吗？）就用他的嘴朝洞门口那块黑石头上，邦！邦！邦！啄了三下，只听见哗啦一声，那魔网已掉下来，恰好把大狼跟灰狼网住，大狼跟灰狼吃惊地叫了起来，挣扎着要摆脱那魔网，可是呀，越挣扎，那网把他们绑得越紧，一会功夫，两只狼就跟夹在烧饼里的两根油条一样，一动也不能动了。米老鼠说：“小小鸽先生，请过来，大狼先生、灰狼先生，你们不是想见见我的朋友吗？这位就是我的朋友。”大狼骂说：“米老鼠！你真是我最大的敌人，不过，没有关系，绑你们的那绳子是魔绳，谁都解不开的，会把你活活地饿死。”米老鼠说：“可是，你会解这魔绳呀，你不会让我们饿死的，对吗？”大狼说：“我不会给你们把绳子解开，非让你们饿死不可。”米老鼠说：“可是，你也会饿死呀。”大狼狠狠地说：“没有关系，要饿死也是你们先饿死，我能看到你们先饿死，就心满意足了。”爸爸兔说：“听你这口气就知道你的心是多么坏啊！我们过我们自己的日子，我们走我们自己的路，有什么地方妨碍你？你为什么非害我们不可呢？”米老鼠说：“跟这种坏东西，有什么好说的呢？”就对小小鸽子说：“小小鸽子先生，谢谢你的帮忙，请你回去吧，原谅我们不送你。”大狼说：“你这个鸽子，从今天起，我记住了你的样子，下一次再遇到你的话，我会把你身上的毛全都拔光，然后再吃你。”小小鸽子说：“米先生、兔先生，再见吧！我要回去向我的主人报到了。大狼先生，也再见吧！你说那么多凶恶的话干什么呢？我只是为了救人性命才这么做，而你是专门害人性命的呀。”说罢，就飞走了。

现在，佳佳！你明白了吧，山洞里剩下四个人，一个是爸爸兔，一个是米老鼠，都被魔绳绑着，躺在山洞的一角，第三个是大狼，第四个是灰狼，一块儿被网在魔网里。只听灰狼说：“双尾狼呀，承你的好意，请我吃大餐，如今大餐没有吃成，反而被捆得这么结实，这是对客人的礼貌吗？你是主人，要想办法呀。”大狼说：“我想什么办法呢？只有盼望我们的朋友经过这里，墙根地方有一个铁环，只要一拉那铁环，这网就起来了，我们就可以吃大餐了。”灰狼说：“可是，我们怎么解开那魔绳呢？”大狼说：“我刚才不是说过，我会解吗？”灰狼说：“怎么解呢？”大狼把嘴附在灰狼的耳朵上，用低低的声音告诉他，灰狼听了，叫说：“我知道了，我知道了。”米老鼠说：“什么话不敢大声说？鬼鬼祟祟的？”大狼说：“怎么，你想把解魔绳的办法听了去呀？天下没有这么傻的人，会把秘密大声讲出来的。”说罢，哈哈哈哈！很得意地笑起来，可是，他的笑声还没有完，只见小小鸽子——这时候，他又变得跟米粒一样大小了，飞到爸爸兔身上，叫说：“兔先生、米先生，我告诉你们一个好消息。”爸爸兔说：“咦，小小鸽子先生，你刚才不是回去了吗？怎么又转了来呢？”小小鸽子说：“我本来打算回去的，可是看这大狼太可恶，就悄悄地再飞回来，看他玩什么花样？想不到呀，他正在告诉灰狼解那魔绳的方法，我统统都听见了呢。”

爸爸　一九六九·七·二十

（编者按：当时的环境不许可柏杨再写下去，但是正义战胜邪恶的美好结局已经呈现。）

后记

夏天的时候，香华老师把这部家书交给了我。

翻开来，泪光点点，是一颗温情、柔软、带伤的心在说话。那个怒目金刚式的柏杨不见了，那是我们从未见到过的柏杨，那是佳佳最亲爱的爸爸柏杨。爸爸柏杨在用这颗心，把太疼爱的佳佳揽到怀中，然后，温暖她，也温暖了自己。他对她说，直到眼泪流枯，变成笑容，这才是人生。在这样的温暖中，佳佳成长了，也有了自己的人生。

佳佳的妈妈不是香华老师，香华老师以她的雍容大度和非凡的理解力，力荐了这部家书。

于是，这部原本私密的家书就成了一个关于心灵、关于成长、关于人生意义的读本，尤其成了天下为人父母者和孩子们一份极难得的礼物。

2008 年 4 月 28 日，经历了太多悲欢离合的爸爸柏杨，永远离开了佳佳，离开了他的儿女们，骨灰洒进台湾屏东和绿岛之间的海域。亲人们知道，那个绿岛，是他埋在心底的一个千千结。

在此，特别感谢香华老师提供了鲜为人知的珍贵照片，特别感谢拍摄这些珍贵照片的有心人。正是他们的工作，将读者的思绪引领到那个岛、那个人，以及那个岛的历史和那个人的思想。

特别感谢香华老师提供了《我爱的人在火烧岛上》VCD，以及她在宏大的交响乐背景里的深情朗诵。这个 VCD 将随书附赠给热爱柏杨的读者。

在此，特别感谢香华老师的公子林蔚文先生，为了让读者看到那个岛今天的面貌，不辞辛苦，专程赶赴当地摄影。

感谢！

文汇出版社 陈雪春

2010 年 10 月

图书在版编目（CIP）数据

柏杨家书：给亲爱的佳佳/柏杨著. --上海:文汇出版社,2010.12

ISBN 978-7-5496-0070-0

Ⅰ.①柏… Ⅱ.①柏… Ⅲ.①柏杨（1920～2008）—书信集 Ⅳ. ①K825.6

中国版本图书馆CIP数据核字(2010)第223205号

柏杨家书

给亲爱的佳佳

著作权人 / 柏　杨
责任编辑 / 陈雪春　熊　勇
装帧设计 / 周　丹

出版发行 / 文匯出版社
上海市威海路755号
（邮政编码200041）
印刷装订 / 常熟高专印刷有限公司
版　　次 / 2011年1月第1版
印　　次 / 2011年1月第1次印刷
开　　本 / 787×1092　1/16
印　　张 / 19.75
字　　数 / 150千

ISBN 978-7-5496-0070-0

定　　价 / 32.00元